ノート
財務諸表監査における懐疑

Audit Skepticism

鳥羽 至英著

早稲田大学会計研究所・会計研究叢書第4号

国元書房

序　文

　本書は，財務諸表監査における懐疑の概念的枠組みを明らかにすることを模索した研究書である。世界の主要会計諸国において不正会計が絶えず，結果的には，担当監査人が騙された，あるいは不正会計の存在を見抜けなかったことから，監査人側における「疑い不足」が問題視され，次第に職業的専門家としての監査人の懐疑心（以下，職業的懐疑心または懐疑心）のあり方そのものが実務的にも，学問的にも問われるようになった。Skepticism は，Independence とともに，監査の質を決定する最も基本的な要素である。

　監査研究とりわけ監査証拠の研究を中心に取り組んできたにもかかわらず，著者の力不足か，それとも監査研究者全体の認識が足りなかったのか，これまで十分に考察されることがなかったが，極めて本質的で今後の展開のいかんによっては，これまでの監査証拠研究の整理の仕方，今後の監査研究，さらには監査実務のあり方に大きな影響を及ぼすのではないか，と予想させる概念がある。それが，監査上の懐疑（audit skepticism/ skepticism in auditing）である。懐疑心とせず懐疑としているところに，著者の学問的な葛藤の一端が反映されている。

　監査上の懐疑に対して監査研究者による学問的関心が注がれるようになったのは，比較的最近のことである。監査上の懐疑は，単純化すれば，経営者，従業員あるいは第三者のなした言明や行為を批判的にみる，疑ってみるという，監査という行為に本質的に備わっている要素である。そのため，"skepticism" なる用語は，職業会計士の間でことさら強く認識されず，「監査」あるいは「監査手続」なる用語のなかに埋没したまま放置されてきたように思われる。「もの」や「こと」を批判的にみない／考えない，あるいは懐疑心の働いていない監査人が実施した監査には，そもそも，その存在価値がないからである。

　財務諸表監査研究は，基本的には，財務諸表監査の質を高めるための示唆を専門職業団体（会計士協会）と職業会計士に提供するものでなければならない。**財務諸表監査の質を測る要素は何か**という最も本質的な問題もあるが，本書は，財務諸表監査の質を，監査人が監査認識プロセス（実務でいう監査手続）の各

段階において発揮する判断の質と捉えたうえで，その判断に大きな影響を与えるはずである「監査上の懐疑」について，とりわけその研究機会を模索し拡大することを目的としている。書名に「ノート」という表現を付しているのは，本書が監査上の懐疑に対する著者のアプローチを提示したものにすぎず，批判を含め今後の研究に任す部分が非常に多いからである。もう少し研究を重ね，内容を一段と説得的／オペレーショナルにしたうえで上梓するという，研究者として本来すべき方法も考えられたが，定年退職を研究者にとっての重要な節目と考え，これまでの研究結果をまとめることとした。

　「監査上の懐疑を強めよ」，「職業的懐疑心を発揮せよ，職業的懐疑心を高めよ」と，現場の監査スタッフに強調すること，あるいは専門職業基準などを通じて職業的懐疑心の重要性を強調することは，精神論としては重要である。しかし，それだけでは，この問題は解決しない。

　監査手続と一般に呼ばれている監査人の認識活動（認識プロセス）が，いかなる監査上の懐疑を受けて行われているのか，著者には判然としない。たとえば，監査上の懐疑を職業的懐疑心に限って理解してみても，監査人を取り巻く状況によって，監査人が得る情報あるいは感じ取るリスクによって，とりわけ監査手続を実施した結果によって，大きく変動し，けっして一定あるいは固定したものではないはずである。しかし，その状況を説明する理論がない。実証主義そして反証主義はともに，監査人が財務諸表の適正表示について意見を表明するための基礎を得る方法として認められる方法であるが，いったい，それをどのように選択し，また，そこにいかなる深度の懐疑心を働かせるのか，これをわかりやすく説明する理論がない。また，その理論を説明するための基礎概念――「用語」と呼ぶべきか――があまりにも貧弱である。現在，この分野で行われている実証研究は，極めて脆弱な概念的基盤のうえでなされている。

　この分野の研究に着手した当時（2007 年）は，研究の行き先をほとんど見通すことができなかった。当時，もっぱら頭のなかにあった概念は，「懐疑主義」であり「職業的懐疑心」であった。しかし，現時点におけるこの分野に関する知見は大きく広がり，かつ深まり，そこに大きな研究面での発展と貢献がある，と考えている。とはいえ，監査上の懐疑の研究は何分日が浅く，理論の面でも実務の面でも，試行錯誤が繰り返されている状況にある。この分野の研究には

学際的なアプローチが不可欠である。また，概念研究と実証研究とのコラボレーションが不可欠である。世界の監査研究者が学問的なメスを十分に入れていない未開拓な，しかし第一級の研究領域である。財務諸表監査の大失敗を再び起こさせないようにするためにも，**「監査人は財務諸表をどこまで，そしてどのように疑ったらよいのか」**という問いを本質とする「監査上の懐疑」は，すべての財務諸表監査関係者にとって最も基本的で，かつ喫緊のテーマである。

　本書の基礎となった研究活動に大きな展開を与えたのが，法研 GCOE：C2 企画「企業活動の変容と会計・開示・監査・内部統制」(2008-2012) と共催で，2012 年 6 月に早稲田大学において開催された International Symposium on Audit Research (ISAR) である。上記の GCOE：C2 企画の研究拠点責任者である早稲田大学法学部上村達男教授と早稲田大学での ISAR の開催を決断された Theodore J. Mock 教授 (University of California, Riverside) に対して，まず心から感謝を申し上げたい。

　監査上の懐疑に関する研究は，上記シンポジュームにおける plenary session のための基礎論文の作成，その後の論文修正，そして最終的には，それをさらに発展させたアメリカ会計学会の会計研究叢書 (Studies in Accounting Research) へのモノグラフ原稿の作成という形で行われた。一連の研究作業は 2009 年から開始されたが，2010 年から 2015 年までの University of Illinois, Urbana-Champaign における研究出張が絶好の機会となった。ISAR の期間中に小生の準備した論文について詳細なコメントを，そしてその後の改訂されたモノグラフ原稿について，さまざまな疑問を投げかけていただいた Jere Francis 教授 (University of Missouri, Columbia)，また，Fulbright Senior Researcher としてイリノイ大学において在外研究をした 1981-1982 年以来，今回のモノグラフ原稿を含め，今日まで継続的にご指導を受けてきた同大学 Frederick L. Neumann 名誉教授には，感謝の気持ちで一杯である。

　最も豊かな時代に建設されたイリノイ大学の学術施設 (Illini Union) における学生用勉強室とカフェテリアは，研究に最も集中できる場所であった。妻(光子)とともに勉強に絶好な場所を目指して早起きし，席取り競争に参戦した。キルティングや刺繍をする妻とは別の場所で，日本から持ち込んだ資料や論文を読み，概念に視点をあわせながら英語原稿に取り入れ，見直すという作業を

iv

5年にわたって何度も繰り返した。この研究成果は，AAA の会長諮問機関（Advisory Committee on Accounting Research）による第 1 次審査はパスしたものの，第 2 次審査で予想外のことが起こり，結果として不採択となった（詳細は「査読付英文ジャーナルへの挑戦と会計学会―移入より移出を」『企業会計』2015 年 12 月　57-66 頁）。学部学内誌にワーキングペーパーのつもりで掲載した論文の扱いに関する詰めが甘かった。とりわけ，Neumann 名誉教授，Francis 教授，投稿モノグラフ原稿にコメントをいただいた福川裕徳教授（一橋大学），文献の検索・出力作業・資料の整理に協力してくれた亀岡恵理子さん，および長い間無言で本研究を支えてくれた妻のご期待に沿えなかったことが，退職に際して心残りである。

　本書の刊行に至る研究プロセスにおいて，著者は，早稲田商学研究基金（2010），早稲田大学法研 GCOE：C2 企画「企業活動の変容と会計・開示・監査・内部統制」（2008-2012），学術振興会・学術研究助成基金助成金「財務諸表監査における監査人の判断と懐疑主義」（挑戦的萌芽研究 2010-2012：課題番号22653053），「監査上の懐疑主義の概念的枠組みの研究」（挑戦的萌芽研究 2013-2015：課題番号 25590106），および「職業的懐疑心と否定的・黙示的命題の設定」（挑戦的萌芽研究 2016-2018：課題番号 16K13401）の交付を受けた。本書の大部分は挑戦的萌芽研究（2010-2012; 2013-2015）の成果である。ここに謝意を表するものである。

　本書は，財務諸表監査の理論や財務諸表監査の実務にとって，極めて本質的で重要なテーマである監査上の懐疑を取り上げてはいるものの，その市場性はあまりにも限られており，それゆえ，その上梓には大きな支援とご協力が不可欠であった。出版助成をいただいた早稲田大学・会計研究所および同研究所所長・河　榮徳教授ならびに出版をお引き受けいただいた株式会社国元書房・代表取締役國元孝臣氏に対してお礼を申し上げる次第である。

　本書の執筆に至る基礎作業の重要な部分は，1981 年以降しばしば訪問し環境に慣れたイリノイ大学において行われた。溢れるチャレンジ精神で現地を妻と再度訪れることはおそらくないと思うが，次回は旅行者として，IT 革命によってその存在意義が弱まり，あたかも博物館の様相を呈してきてしまってはいるが，本当によく通ったイリノイ大学が世界に誇る中央図書館をもう一度一

緒に訪れたいと思っている。

2017 年 1 月 27 日　退職記念講演の前日に

鳥羽　至英

目　　次

第1章　なぜ監査上の懐疑を考えることが重要なのか……………… 1

1.1　問　題　の　所　在…………………………………………………… 1

1.2　監査研究における audit skepticism の展開……………………… 4

  1.2.1　Mautz = Sharaf の audit skepticism 研究……………………… 4

  1.2.2　ASOBAC の audit skepticism 研究……………………………… 7

  1.2.3　Robertson の audit skepticism 研究…………………………… 8

  1.2.4　Shaub の audit skepticism 研究………………………………… 9

  1.2.5　Bell = Peecher = Solomon と職業的懐疑心…………………… 9

  1.2.6　Audit skepticism に関する新しい監査研究………………… 11

1.3　監査実務における skepticism の議論…………………………… 11

  1.3.1　SEC と監査人の職業的懐疑心………………………………… 13

  1.3.2　監査基準審議会と職業的懐疑心……………………………… 14

  1.3.3　監査基準書第82号と職業的懐疑心…………………………… 15

  1.3.4　監査基準書第99号と職業的懐疑心…………………………… 16

第2章　財務諸表監査における監査判断の態様と
　　　　監査認識プロセス………………………………………… 19

2.1　判　　断　　と　　は…………………………………………… 20

  2.1.1　認知心理学と判断……………………………………………… 20

  2.1.2　哲　学　と　判　断…………………………………………… 21

  2.1.3　主張についての判断…………………………………………… 22

  2.1.4　表現（表示）についての判断………………………………… 24

  2.1.5　行為についての判断…………………………………………… 24

  2.1.6　倫理的判断──さらに上位の判断…………………………… 27

2.2　監査認識プロセスと監査判断…………………………………… 29

2.3　監査判断のミス…………………………………………………… 34

viii

2.4 監査判断・職業的専門家としての正当な注意・職業的懐疑心…………36

第3章 財務諸表監査上の懐疑に関連する基礎概念………………39

3.1 監 査 の 失 敗………………39

   3.1.1 監査の失敗を引き起こす原因…………………44

3.2 監 査 の 質…………49

第4章 監査上の懐疑の二重構造──認識方法と懐疑心……………55

4.1 財務諸表監査に構造的に組み込まれている

   監査認識上の罠──確証傾向…………………61

4.2 監査上の懐疑──監査認識のあり方（懐疑の幅）…………63

   4.2.1 実 証 主 義……………65

   4.2.2 反 証 主 義……………68

4.3 監査上の懐疑──懐疑心を働かせる程度（懐疑の深度）………………72

   4.3.1 中 立 的 懐 疑 心………73

   4.3.2 推 定 的 懐 疑 心………75

第5章 監査上の懐疑概念と監査人の認識プロセス………………79

5.1 監査上の懐疑──定義………………79

5.2 監査人の認識プロセスで果たす監査上の懐疑………………81

   5.2.1 監査計画を策定する段階………………83

   5.2.2 監査証拠を入手・評価し，その状況と結果を文書化する段階………………83

   5.2.3 監査調書に記載された証拠を評価する段階………………84

   5.2.4 アサーションに関連してなされた証拠判断を見直す段階………………85

5.3 監査上の懐疑の枠組みと懐疑のシフト………………86

   5.3.1 監査上の懐疑水準の初期設定………………86

   5.3.2 監査上の懐疑水準のシフト………………88

5.3.3　非確証という監査上の懐疑水準……………………………………89

結びに代えて──今後の監査研究……………………………………91

参　考　文　献……………………………………………………97

第1章

なぜ監査上の懐疑を考えることが重要なのか

1.1 問題の所在

　大企業における会計不正がなかなか止まない。オリンパスの会計不正（言明不正：2010）・大王製紙の財産不正（2010）に続いて，東芝において会計不正（言明不正：2015）が発覚した。財務諸表監査の質（以下，「監査の質」という。）が問われることとなったのは，上記いずれの会計不正の発覚も独立監査人[1]による監査を通じてではなかったからである[2]。そのため，監査の質に対して社会が不信感を抱き始めた。事態を極めて深刻にしたのは，上記の3社の監査人が日本を代表するトップ・スリーの大監査法人であったからである。当該監査法人の法的責任の議論はさておき，財務諸表の重要な虚偽表示や経営者による巨額な資産横領を，監査人が検出できなかったことは紛れもない事実であり，その限りにおいて「監査の失敗」と批判されてもいたしかたないと思われる。

1　「監査人」（auditors）という用語は，『監査基準』（金融庁・企業会計審議会）のうえでは，監査報告書に署名する監査責任者を指し，監査に従事する他の者は「補助者」という用語を当てて使い分けている。しかし，財務諸表監査を記述するうえでは，監査人は両者を含む，その意味ではやや曖昧な使用法の方がわかりやすいことも多い。そこで，本書では，「監査人」という用語は，本書においては，「監査責任者」と「監査スタッフ」の総称として使っている。なお，監査契約者としての監査人を指示する場合は監査責任者という用語を，監査責任者の指揮・命令下で監査業務に従事する監査人を指示する場合は監査スタッフという用語を用いることにする。

2　オリンパスの場合には，不正会計への疑惑が経済誌で取り上げられたことが引き金となった。大王製紙の場合には，親会社の取締役会会長の個人口座への関連会社からの多額な資金の振込について，同関連会社からの親会社への内部通報が契機となった。また，東芝の場合には，東芝の社員による金融庁（証券取引等監視委員会）への内部告発が，不正発覚の契機となったとのことである。

なお,「監査の失敗」なる概念についての考察は,第3章（3.1）において行うことにする。

　オリンパスと大王製紙の会計不正を受けて,金融庁（企業会計審議会）は,2013年3月26日,『監査基準の改訂及び監査における不正リスクの対応基準の設定に関する意見書』（以下,「不正対応基準」という。）[3]を公表するとともに,オリンパスの会計不正に関して,オリンパスの監査を担当した監査法人（前任のあずさ監査法人と後任の新日本監査法人）に対しては,業務改善命令を下した[4]。規制当局のこれらの対応によって一応の終結をみたと思われたが,2015年に,わが国の企業社会にさらに大きな衝撃を与える会計不正（東芝事件）が起こった。本事件が財務諸表監査に与える影響は広範に及び,極めて深刻である。

　金融庁（公認会計士・監査審査会）は,今回の東芝不正会計事件を受けて,公認会計士による財務諸表監査に関する識者8名を構成員とする「会計監査の在り方に関する懇談会」（以下,「懇談会」という。）を組織した[5]。わが国の財

3　当時の状況を考えれば,「不正対応基準」が,オリンパスと大王製紙の2社にかかわる監査の失敗を受けたものであることは確かであるが,「不正対応基準」における新たな規制を,とりわけ大王製紙の場合の監査に結びつけて理解することは,（1）担当監査法人に対する行政処分がなされていないこと,さらに（2）当該事例が言明不正ではなく財産不正であることを考えると,難しいようにも思われる。当該監査法人は,そのような受け止め方をしているかもしれない。

　　監査基準の改訂は,国際監査基準との整合性の確保と,わが国における監査の失敗を受けて行われる監査業務の強化を目的に行われる。重要なことは,後者の場合には,改訂のきっかけとなった監査の失敗についての詳細な分析を受けて,改訂の主旨と内容が理解できるように行われるべきである。監査の失敗の内実についての詳細で透明性のある分析よりも,事件の幕引きをともかく優先させたいとの意向のもとで,監査基準の改訂を行うべきではない。

4　オリンパス事件に関連して,あずさ監査法人と新日本監査法人に対する行政処分は,それぞれ,以下のとおりである。 http://warp.ndl.go.jp/info:ndljp/pid/3532882/www.fsa.go.jp/news/24/sonota/20120706-6.html
http://warp.ndl.go.jp/info:ndljp/pid/3532882/www.fsa.go.jp/news/24/sonota/20120706-7.html

　　大王製紙取締役会会長による巨額横領事件に関して,金融庁が調査に入るとの報道はなされたが,この事件に関連して,担当監査人である監査法人トーマツに対する業務改善命令を含む処分は行われなかった。http://jp.wsj.com/public/page/0_0_WJPP_7000-360420.html

務諸表監査のあり方に関して，さまざまな（そして内容によっては，極めて本質的な）問題が提起されたが，その多くは，金融庁行政単独の枠組みのなかでは解決の難しい，わが国の会計風土に深く根ざした複雑な問題に関係していた。懇談会議事要旨全体を総括すれば，識者が言及した問題は，程度の差こそあれ財務諸表監査制度そのものに関係する問題であり，公認会計士および監査法人（以下，「監査プロフェッショナル」という。）による財務諸表監査の質に対する現状認識や危機感を物語るものであった。

　上で言及した監査の失敗事例は，さまざまな課題を監査関係者に示唆しているように思われる。上記の事例のすべてに等しく関係しているわけではないが，まず取り上げなければならないと判断した課題が，監査人の「疑う」（doubt）という行為そのものである。比較的最近のアメリカの監査研究（Beasley et al.［2001］）は，監査の失敗（1987-1997）を引き起こした監査人に対する米国証券取引委員会（Securities and Exchange Commission：以下，SEC という。）による行政処分の状況を調査し，監査の失敗が監査人の独立性の欠如よりも，むしろ監査人の疑い不足から引き起こされている状況を指摘している。監査実務のうえで問われなければならないことは，監査人側の疑い不足の問題であり，学問のうえで問われなければならないことは，「疑う」——厳密にいえば，財務諸表監査において監査人が疑う——という行為そのものの内実の解明であろう。

　監査という行為から「疑う」という要素を取り去れば，監査という行為自身の存在価値は直ちに消失する。監査という行為は，そこで取り扱われる監査の主題が言明（statement）であろうと，非言明（non-statement：行為，システム，そしてプロセス）であろうと，監査人が「もの」や「こと」を疑うこと，それが前提のはずである。「監査すること＝疑うこと」と極言してもよいほどの関係であるにもかかわらず，監査人側に「疑い不足」があるという状態を，どのように考えたらよいのであろうか。本書は，この疑問を次の２つの角度から接近し，かつ，それらの角度を統合した枠組みを提示することにより，具体的には財務諸表監査における監査人の疑うという行為——監査上の懐疑——について，学問的な探求をすることを目的としている。

5　「会計監査の在り方に関する懇談会」は，現在まで計４回開催された。懇談会の内容については，以下を参照されたい。http://www.fsa.go.jp/singi/kaikeikansanoarikata/

① 監査人は，財務諸表（監査の主題）をどのように疑うのか（疑い方）。

② 監査人は，財務諸表をどの程度疑うのか（疑う深度）。

監査プロフェッションも監査研究者も，けっして「疑う」という問題を無視したり，軽視したりしてきたのではない。監査文献は audit skepticism ∕ skepticism in auditing なる用語（term）を用意し，それなりの関心を払ってきた。その中心は，監査文献の歩みからすると，アメリカ公認会計士協会（American Institute of Certified Public Accountants：以下，AICPA）が公表してきた監査基準書（*Statement on Auditing Standards*：以下，SAS）であった。本論に入る前に，audit skepticism に関する議論がどのような軌跡を経て今日に至っているかを概観することにする。本書のこれまでの段階で注意すべきところが１つある。それは audit skepticism について訳語を与えていないことである。いかなる訳語を与えるかは，audit skepticism 全体の理解の仕方にも影響を与える。この問題は第２章において議論することとする。

1.2　監査研究における audit skepticism の展開

監査研究者による audit skepticism に対する関心は，1990 年代から——厳密には，2000 年代から——急激に高まったと評してよい。しかし，完全に思考の外に追いやられていたというわけではない。非常に限られた監査研究者が，この用語に対する関心を抱き，少しずつそれを深めていたといってよい。ここでは 2000 年代までのこのテーマに対する監査研究者の接近の軌跡を紹介することにする。

1.2.1　Mautz ＝ Sharaf の audit skepticism 研究

Skepticism を，人が「もの」や「こと」を知る方法あるいは認識の方法として位置づけ，それを監査文献において初めて言及したのは Mautz and Shraf ［1961］である。彼らは skepticism を監査人が従事する監査手続のあり方に関連づけるとともに，それを監査認識のあり方という視点から捉える必要があると主張した。彼らが言及した skepticism は，知識の理論における「知る方法」(a way of knowing）の１つとしての skepticism であった。彼らは，監査における skepticism とその有用性の限界を以下のように説明した（Mautz = Sharaf［1961］pp.96-97）。

　　モンタギュは，理念や信念を支持する証拠の入手に関して，上述の５つの積極的方法に加えて，懐疑主義（skepticism）という６番目の消極的方法を挙げている。この認識方法が監査人にとって役立つことは容易にわかる。……　懐疑主義は，それが賢く利用された場合に限って，思索家にとって利用できる重要な用具の１つとなる。もし思索家が証拠の信頼性を十分に見極めるまでは，他の認識方法によって得られた証拠に疑いをもつのであれば，懐疑主義はその思索家にとって有益である。換言すれば，すでにわかっていることではあるが，合理的な人間であれば判断できる状況であるにもかかわらず，いつまでも疑いをもち続けているならば，懐疑主義は有益とされる域をすでに超えている。

　また，Mautz は自身の単著において，audit skepticism を以下のように敷衍している（Mautz［1964］pp.63-64）。

　　知る方法（認識する方法）としては，上で取り上げた５つの積極的な方法があるが，さらに監査人にとってとりわけ重要な，第６番目の“消極的な”方法がある。これが懐疑主義である。懐疑的であるということは，確信を得ることが不可能であることを意味するものではない。懐疑主義とは，むしろ，合理的な評価と称されるべき，証拠に対峙する監査人の姿勢を示唆するものである。無能な者は，最良の証拠であっても，それを受け入れるのを拒否するかもしれない。同様に，別の無能な者は，最も薄弱な証拠であるにもかかわらず，その証拠で確信を得たというかもしれない。監査において，このような両極端は排さなければならない。監査人は，ここで言及した知る方法を十分に精通しなければならない。また，証拠の種類に精通し，各証拠の種類がもっている強さと弱さとを認識しなければならない。監査人は（証拠を）受け入れるのに性急であってはならないが，けっして満足しないということがあってはならない。すでに示唆したように，監査の局面には，完全に確証的な証拠が入手できないような場合やアサーションの重要性が小さい割には，その証拠の入手にあまりにも費用がかかりすぎると判断される場合が多い。反対に，アサーションが極めて重要であり，最良の証拠を入手するための強力な監査手続が求められる場合もある。さらに，問題となっている事項の重要性は十分に認められながら

も，十分に確証的な証拠を入手することができず，そのため，監査人が職業的専門家として意見を表明することを拒否しなければならない場合もある。

　このように，懐疑主義は，①証拠はその証拠力において一様ではないこと，②われわれはこのことにもっと注意を向けなければならないこと，そして，③監査人が証拠を利用する場合には，いかなる種類の証拠であれ，そこには程度の差こそあれ，リスクがあることをわれわれに告げているのである。

　著者が渉猟した文献の範囲であるが，audit skepticism について Mautz ＝ Sharaf が直接言及したものは，以上の部分に限られている。そのため，これらの説明だけでは，その全体像を理解することは難しい。audit skepticism における先駆的な洞察ではあったが，その当時の監査研究全体の水準を反映し，監査認識プロセスのあり方やその機能全体に及ぶ網羅的なものではなかった。たとえば，監査証拠の議論において，「認識の方法としての audit skepticism がいったいどのような監査認識のあり方を意味しているのか」・「audit skepticism は監査人の認識のあり方に，いかなる影響を及ぼすのか」についての深い考察に及ぶものではなかった。

　ただ１つだけいえることは，Mautz ＝ Sharaf の説明を注意して読むと，監査人の認識（知る）方法として skepticism を説明している一方，証拠の入手と評価に対峙する際の監査人の心のあり方（姿勢）を説明している部分も読み取れることである。おそらく，このことは，audit skepticism は，

①　監査人が疑う対象として設定する範囲のレベル（認識のあり方）

②　監査人が入手した証拠と評価を通じて，立証の対象をどの程度深く疑うかのレベル（疑う深度）

との双方を内包する概念であることを示唆しているように思われる。Mautz ＝ Sharaf が示唆した skepticism は，財務諸表監査における監査人の「疑う」という行為について，いったいどのような枠組みを示唆しているのであろうか。本書における最大の学問的探求は，この疑問の解明に向けられている。

　Mautz ＝ Sharaf が「（監査人が）知る方法の１つ」として skepticism の存在を指摘したことはまず積極的に評価されるべきであろう。注意すべき洞察があるとすれば，skepticism が列挙された他の５つの知る方法の基礎として位置づけられている点である（Figure Ⅱ における skepticism の位置づけに注意：1961, 9.

122）。このことは，監査人の認識は，何よりも，まず「疑う」という姿勢から始まらなければならないこと，換言すれば，skepticism は，監査証拠に関連する諸概念のうちでも，とりわけ監査判断に関する最も基礎的な概念として位置づけられなければならないことを示唆しているように思われる。

1.2.2　ASOBAC の audit skepticism 研究

アメリカ会計学会・基礎的監査概念委員会報告書（*A Statement of Basic Auditing Concepts*: ASOBAC; AAA［1973］）は，監査人が従事する調査プロセス（investigative process）についての数多くの洞察のなかで，監査人が陥りやすい「観察上の誤り」（observational errors）の問題を取り上げた。ASOBAC によれば，観察上の誤りを引き起こす要因として，①監査人の観察能力（知識・技能）の欠如，②観察の際の客観的態度の欠如（監査人側がもっている可能性のあるバイアス），③観察者による環境破壊，④間接証拠の問題などがある。そして①の説明のなかで，簡単ではあるが，心の状態としての「懐疑心」を識別し，以下のように説明している（AAA［1973］p.30：鳥羽訳［1982］p.63：傍点追加）。

> われわれが観察する対象は，われわれが観察の方法を知っているものに限られる。われわれが教育，経験，想像力，および懐疑心（skepticism）を働かせてしようとすることは，目に見える以上のものを見ることである。

「目に見える以上のものをみること」とは，すなわち，財務諸表や会計帳簿などのどこかに虚偽表示，矛盾，あるいは異常事項が隠されていないかどうか，経営者，業務担当者の陳述に矛盾や偽りがないかどうか，そのにおいを嗅ぐことであり，これこそが懐疑心の発揮にほかならない。たとえば，『会計連続通牒』（SEC *Acounting Series Releases*: ASR）において問題とされた監査の失敗の多くは，監査人がさまざまな理由によって十分ににおいを嗅ぐことをせず，経営者の陳述を鵜呑みにしたことから生じている。

なお，ASOBAC は，会計士個人の監査思考にも影響を与えたようである（Anderson［1977］p.125）。Anderson は，専門的な観察能力を有している監査

8

人でも陥る可能性のある観察上の誤りを引き起こす要因として，①観察者の能力，②観察上のバイアス，③職業的専門家としての正当な注意の欠如を識別したうえで，観察上の誤りを引き起こす可能性のあるさらに３つの要因として，（間接証拠，観察者による証拠破壊，および疑わしい状況を認識しないリスク）を識別し，それらがすべて「**合理的な懐疑心**」（reasonable skepticism）に，程度の差こそあれ，起因するものであることを指摘した。同会計士が「合理的な懐疑心」をどのように理解していたかは明らかではないが，audit skepticism の軌跡を知るうえで，見落としてはいけない１つの展開である。

1.2.3　Robertson の audit skepticism 研究

Audit skepticism を懐疑主義として，すなわち「知る」という行為に関係づけるのではなく，むしろ監査人の「心の状態」（懐疑心）として理解しようとする考え方が，上述の ASOBAC に続いて示された。たとえば，アメリカにおける監査教科書において，職業的専門家としての懐疑心が「職業的専門家としての正当な注意」を行使する監査人の営みを説明するなかで言及され始めた。著者の文献調査によれば，その嚆矢が Robertson［1979］（p.31）である。Robertson 教授は，職業的専門家として正当な注意を行使するには，監査人側において，経営者によるすべての重要なアサーションについて，それが口頭によるものであれ，書面によるものであれ，あるいは会計記録に反映されているものであれ，それを疑い（懐疑心），それを検査するという姿勢が求められるとしたうえで，その姿勢は経営者の誠実性を偏りなく評価する心と釣り合いのとれたものでなければならない，と説明した。これが Robertson の理解する懐疑心（健康的な懐疑心）の内容である。

ここにいう（健康的な）懐疑心とは，監査人は，監査に際して，経営者が完全に誠実であるとも，反対に，不誠実であるとも，そのいずれとも仮定してはならない，という中立的な心の状態を表現したものである。Audit skepticism をこのような内容として理解する立場は，後日，「中立的立場」（a "neutral concept of professional skepticism"/a neutrality view）または「中立的懐疑心」として捉えられるようになった（POB［2000］p.76）。また，この立場は，監査基準書第82号（ASB［1997］）が「職業的専門家としての懐疑心」なる概念を導

入する際に踏襲された。この点は本章の 1.3.3 にて後述する。

1.2.4　Shaub の audit skepticism 研究

　一見受け入れやすく見える上記の中立的立場に対してさえ，批判がないわけではない。「経営者の誠実性」と「経営者の不誠実性」のいずれの立場にも与しないレベルに，疑うという心の状態をセットすることを求めても，それ自体，誠実性（不誠実性）を認めていることにほかならない。したがって，このような立場に対して，職業的懐疑心を「信用の対極」（"the opposite of trust"）と捉え，黙示的にではあるが，職業的懐疑心を「不信」（distrust）と同義に捉えようとする立場（たとえば，Choo and Tan［2000］；Shaub［1996］；Shaub and Lawrence［1996］，［1999］）があっても，不思議ではない。また，このように経営者に対する不信を強めようとする意識は，Enron（2001）事件や WorldCom（2001）事件などの不正会計と相俟って，監査の有効性に対する社会の懸念を強めている。

　懐疑心を不信と捉える上記の立場に，本書は与するものではない。そのような理解は，後述するように，財務諸表監査の前提を破壊し，まったく異なる内容の財務諸表監査の枠組みを方向づけることになる。ちなみに，このような理解に対して，懐疑心をもって監査手続に臨むという監査人の姿勢は，監査人が経営者を信用しないという監査人の姿勢を反映するものではないとの立場（POB［2000］p.89）も表明され，職業的懐疑心を不信と捉える立場と一線を画している。

　しからば，どのような audit skepticism に対する基本的考え方が模索されるべきなのであろうか。1990 年代に至るまでの議論を鳥瞰する限り，そのための実行可能な解は示されていなかったように思われる。

1.2.5　Bell = Peecher = Solomon と職業的懐疑心

　職業的懐疑心を中立的な立場から捉えるという制度的な（監査基準上の）理解に対して，監査人の疑う心を一段と強める姿勢を強調する新しい考え方（Bell, Peecher, and Solomon［2005］：以下 Bell et al.［2005］）が識別された。それは，経営者の誠実性（場合によっては，経営者に対する不信）についての捉え方を

議論の底に据えるのではなく，監査手続を実施する段階における監査人の懐疑心をこれまで以上に強めることのできるような監査手続の枠組み（監査認識のあり方）を模索する形で主張されている。それが**推定的懐疑心**（presumptive doubt）なる概念である。その本質は「疑う心」ではなく，「**疑ってかかる姿勢**」にある。

Bell et al.［2005］において，「疑ってかかること」を内容とする職業的懐疑心がどの程度監査手続の枠組みに反映されているかについては，注意深い検討を必要とする。そこにおいて展開されている「監査手続をリスク評価手続とみなす考え方」，「証拠に基づく信念改訂型リスク評価」なる考え方，そして「三元的証拠入手法」（triangulation）という名称で特徴づけられている監査証拠の入手方法は，いずれも，新しい監査手続の枠組みを説明するものである。しかし，Bell et al.［2005］では，audit skepticism はあくまで「疑う」という監査人の心の状態を説明するために用意された用語として取り上げられている。

Bell et al.［2005］は，上記モノグラフの最後の部分において，この分野に関する重要な宿題をすべての監査研究者に残している（Bell et al.［2005］pp.66-67：鳥羽代表・秋月・福川監訳［2010］pp.103-104）。Audit skepticism の研究は，始まったばかりである。

われわれは職業的懐疑心の拡張を説明してきたが，この構成概念自体が複雑で，十分に定義されていない。1つの構成概念としての職業的懐疑心とは，いったいどのようなものか。また，職業的懐疑心の存在，不存在を示す指標とはどのようなものか。既存の専門職業指針では，職業的懐疑心という構成概念は，「正しいとも正しくないとも予断をもって決めつけないという意味での中立的な姿勢」を内包する形で説明される場合がある。そこでは，監査人は，財務諸表には虚偽表示がないとも，不正に起因する虚偽表示があるとも仮定してはならない，とされている。しかし，近年，社会の人々は職業的懐疑心という構成概念について異なった考え方をしているように思われる。さらに，専門的職業指針においては，職業的懐疑心の特性か「中立的な姿勢」から「疑ってかかる姿勢」（presumptive doubt）へと変化している兆候がみられる。もしこのように職業的懐疑心が変化すれば，職業的懐疑心の存在，不存在を示す指標は変化するのであろうか。いかなる要因が監査人の懐疑心を強めるのか，また強めるはずであるのか。監査人が十分な職業的懐疑心を発揮し

ていることを示すためには，いかなる種類の証拠を入手し取り込めばよいのか，あるいはいかなる思考スキルを身につければよいのか。判断や意思決定を行う際のどの認知段階が懐疑心にとって重要であるのか。

1.2.6 Audit skepticism に関する新しい監査研究

Bell et al. [2005]（p.66）は，professional skepticism（audit skepticism）に対して，いまだ十分な定義がなされていない，との問題提起である。Nelson [2009]（p.4）は，professional skepticism に対して「監査人が入手した情報次第であるが，あるアサーションが正しくないというリスクが高めに評価されていることを表す監査人の判断・意思決定によって示されるようなもの」との定義を与えている。アサーションにかかるリスクに結びつけているところに，Nelson の定義の斬新性がみられる。しかし，定義としては十分ではない（Quadackers [2009] p.16）。

警察官が従事する捜査，裁判官が従事する事実認定と判決，ジャーナリストが従事する取材報道（Kovach and Rosenstiel [2001] pp.70-91），そして公認会計士が従事する監査は，いずれも本質的に方法論的懐疑主義に従う。Kurtz [1992]（p.11）は，監査研究に際して方法論的懐疑主義に注目し，「それは，われわれが知識を求める際の手助けとして，疑いあるいは疑問を投げかけることを利用するものであり，知識を得ることは不可能であることを論証するために，疑いや疑問を投げかけることを利用する dogmatic skepticism と異なる。」と総括する。

1.3 監査実務における skepticism の議論

監査において最も本質的であるにもかかわらず，監査実務において必ずしも十分な議論が注がれてこなかった領域がある。これが audit skepticism である。すでに言及したように，監査は「疑う」という行為に深く関係しているはずであるから，audit skepticism が職業会計士の世界において最近（International Auditing and Assurance Standards Board: 以下，IAASB という。）まで正面から取り上げられてこなかったことは，ある意味で不思議である。しかし見方を変え

れば，監査には本質的に「批判的に・も・の・や・こ・と・をみる」という行為が内包されているので，audit skepticism を概念として意識しなくても，少なくとも監査実務の面ではよかったのかもしれない。監査人であれば皆，「われわれは懐疑的だ。われわれは疑いをもって監査に臨んでいる。」というかもしれない。

　Audit skepticism という用語（term）に最初に関心を抱いたのは，監査研究者というよりも，財務諸表監査の関係者である。これは，現時点でも，そのように思われる。Audit skepticism をどのように捉えるかは，財務諸表監査関係者（とりわけ，職業会計士）にとって，自らが実施した財務諸表監査の質，監査意見に対する責任，監査の有効性や効率性を含む監査資源の配分の問題にも影響する問題である。監査の失敗を引き起こした原因として，とりわけ最近では，監査人側における職業的懐疑心が足りなかったこと――いいかえれば「疑い不足」――が引き合いに出される。監査研究者による audit skepticism 研究のかつての勢いは影を潜め，監査プロフェッションのグローバルな組織において，むしろ活発なようにさえ思われる（IAASB［2015］）。

　職業的懐疑心なる用語が，監査文献上，どこで最初に言及されたかを識別することはなかなか難しい。著者は，Wilcox［1956］（p.12）が「専門職業基準」と題した論文において，「職業的専門家としての正当な注意」を説明するなかで言及した「健康的な懐疑的態度」（an attitude of healthy skepticism）が嚆矢ではないか，と考えている。しかし，この概念が監査プロフェッションの間で広く共有されるまでには，時間を要した。

　Audit skepticism を重視したのは SEC であった。SEC は，特定の監査の失敗事案に関連して，監査人側の疑い不足を一貫して指摘し続けている。一方，この用語の監査実務上の意味づけについて関心を寄せてきたのが，AICPA である。以下，時代を追いながら，audit skepticism とのかかわり合いを概観することにする。監査プロフェッションにおいても，SEC においても，audit skepticism は監査人の疑う心の状態――**疑う深度**（skepticism in depth）――と理解されている。この理解は国際的な監査基準設定組織である IAASB においても変わっていない。その限りでは，audit skepticism は，「監査人の職業的懐疑心」／「監査における職業的懐疑心」という訳語となる。

1.3.1 SEC と監査人の職業的懐疑心

　財務諸表監査における職業的懐疑心は，この用語が監査プロフェッションや
監査研究者の間で注目されるようになるまでは，監査基準上の「職業的専門家
としての正当な注意」（professional due care）なる基礎概念のなかで黙示的に
捉えられ，あるいはそこに埋没していた。少なくともアメリカにおいて，SEC
監査が実施された後の暫くの間は，そのような状況であった，と思われる。

　「職業的専門家としての正当な注意」だけを強調したのでは，監査手続に対
する監査人の意識を強めることにはならない，と SEC 関係者に気づかせる監
査の失敗が起こった。SEC［1974］は会計連続通牒第 153 号（Accounting Series
Releases［ASR］No.153）において，問題監査事案における監査の失敗が職業的
懐疑心の欠如によるものである，との認識を初めて示した。そして，ここにお
いて，この用語が公式文書のなかで言及されることとなった。以下は，職業的
懐疑心に触れた最初の公式の記述ではないか，と著者が判断する部分である。

　　本委員会が得た情報によると，経営者は，実際には利益がなかったにもかかわら
　ず稼得されたかのように見せかける方法で，多くの重要な取引を仮装していた。し
　かし，TR 会計事務所（Touche Ross & Co.）は，かかる取引について専門的意見
　を裏づけるに足る独立的な証拠資料を入手していなかった。上記の取引に関して，
　TR 事務所は入手した情報の意味を十分に評価せず，また，**職業的専門家としての
　懐疑心**（great professional skepticism）が一層求められる状況であったにもかか
　わらず，監査手続を十分に拡大することを怠っていたように判断される。

　爾来，SEC は監査手続の質を判断する際に，また監査の失敗の原因を特定
する際に，「職業的専門家としての懐疑心」という視点をたびたび適用するよ
うになった。なお，同通牒第 153 号は「健康的な懐疑心」（healthy skepticism）
という表現も使い，監査人による懐疑心の行使は健康的なものでなければなら
ないことを示唆している。「健康的な職業的懐疑心」とは何であろうか。逆に
いえば，「健康的でない職業的懐疑心」とはどのような心の状態あるいは監査
人の姿勢をいうのであろうか。

1.3.2　監査基準審議会と職業的懐疑心

SEC は，会計連続通牒のみならず，それを引き継いだ会計・監査執行通牒（Accounting and Auditing Enforcement Releases: AAER）において，監査の失敗を引き起こした原因の 1 つとして，職業的懐疑心の欠如を指摘した。AICPA が professional skepticism に関心をもち始めたのは，「職業的専門家としての正当な注意」を強調するだけでは，監査判断に起因した監査の失敗を防ぐことが難しくなりつつあることを認識し始めたからであろう。監査基準審議会（Auditing Standards Board：以下，ASB という。）は監査基準書(Statement on Auditing Standards: SAS）において，professional skepticism に言及し始めたが（SAS No.16［1977］par.6; SAS No 53［1988］pars.18-21)，この用語の監査上の意味についての積極的な説明は，監査基準書第 82 号（SAS No.82［1997］）を待たなければにならなかった。なぜこれほどの時間がかかったのか，その理由は定かではないが，いくつかの背景的事情が考えられる。

第 1 は，監査人が疑う心をもって監査に臨み，特に監査証拠をそのまま受け入れるのではなく，その証拠の質[6]を常に批判的に評価する姿勢は，監査という行為に本質的に内在する属性であり，あえてそれを強調するまでもない，との意識が協会関係者の間で働いていたのではないか，と推察されることである。そして，そのような意識が，結果として，職業的懐疑心を正面から明示的に取り上げることに，ブレーキをかけていたのではないかと思われる。

第 2 は，職業的懐疑心なる考え方は，監査基準の一般基準において規定されている「職業的専門家としての正当な注意」なる概念にすでに包摂されており，とりたてて取り出し強調する必要はない，との意識が働いていたのではないかという点である。

第 3 は，著者が最も強く認識する背景である。それは，職業的懐疑心を監査

6　証拠の質は，現在の監査基準書では，「適切性」（appropriateness）という用語で示されている。日本公認会計士協会（Japanese Institute of Certified Public Accountants：以下，JICPA）もこの用語を受け入れている。しかし，著者は，従来の「適格性（competence）——関連性（relevance）と信頼性（reliability）——の方が学術用語としての厳密さを有していると考える。

基準書において強調することが，結果として，第三者による監査人の責任追及を容易にさせ，そのことを ASB が嫌ったのではないか，という監査プロフェッション側の事情である。不正の検出に監査プロフェッショナルがどの程度責任を負うべきであるかという問題は，AICPA が永年最も神経を尖らせてきた，極めて扱いの難しい問題であった。ASB は，最終的には（監査基準書第 82 号において），職業的懐疑心を財務諸表監査における不正との関係で位置づけた。不正との関係を強く意識せず，もう少しこれと距離をおく形で——たとえば監査証拠の入手と評価に関して既存の基準書の扱う範囲を拡大する形で——取り上げようとする意識があったならば，もう少し早い段階で，職業的懐疑心を監査基準書のなかに取り込むことができたのではないであろうか。

1.3.3 監査基準書第 82 号と職業的懐疑心

監査基準書第 82 号が職業的懐疑心に言及したことは，監査プロフェッションにとって当然のことを確認しただけのものといえるかもしれない。しかし，ここで注意すべき点は，職業的懐疑心を「監査人は，経営者の誠実性をどのように考えて，監査に臨んだらよいのか」という最も基本的な問いかけに対する答えとして示したことであろう。監査基準書第 82 号の最大の特徴は，職業的懐疑心を経営者の誠実性という属人的要素に引き付けて規定したところにあり，また，そこに同監査基準書の本質的な限界があった。同基準書は，以下のように説明している（SAS No.82, par.09）。

　　監査人は，経営者は不正直であるとも，何らの疑いもなく正直であるとも，そのいずれも仮定しないという立場を明らかにする一方，経営者は正直であるとの信念を理由にして，説得的とはいえない証拠を受け入れ，それに満足してはならない。

上記の ASB は，それ以前に公表された『コーエン委員会報告書』（Cohen Commission [1978] p.5）や Robertson [1979]（p.31）の考え方を受けたものであろう。財務諸表の適正表示を契約当事者である経営者と共通の目標として協力しつつ，かつ，経営者と対峙しなければならない監査プロフェッショナルの立場を鑑みれば，職業的懐疑心を経営者の誠実性との関係で説明したこと，さら

に，経営者の誠実性について予断をもってはならないことを強調したことは，十分に理解可能である。そして，この立場は *The Panel on Audit Effectiveness*（POB［2000］p.76）において「中立的懐疑心」として特徴づけられることとなった。この懐疑心についての中立的立場は，監査基準書第 99 号に至るまで，職業懐疑心に関する AICPA の公式の立場を示すものとして，一連の監査基準書において尊重され続けた。この中立的懐疑心に従えば，監査手続のあり方について，たとえば「監査人は監査証拠の入手と評価に全力を尽くすが，何らかのバイアスを事前的に抱くものではない」（Cushing［2002］p.2）という理解となる。中立的立場が監査基準書において示されたことも強く関係して，2000 年代から急速に開始された監査研究（Hurtt［2010］: Bamber et al.［1997］）においても支持され，とりわけ実証研究の前提となってきた。なお，職業的懐疑心を経営者の誠実性との関係で捉える立場については，第 4 章（4.3.1）において詳説する。

1.3.4 監査基準書第 99 号と職業的懐疑心

監査基準書第 99 号［2002］は，AICPA が同基準書第 53 号［1988］（par.16）以来維持してきた「職業的懐疑心」の水準を示す「中立的懐疑心」にかかる記述をすべて削除し，監査人に対して一段と高い水準の懐疑心の行使を求める立場を鮮明にした。以下は，その立場を簡潔に示した部分である。

13. 職業専門家としての正当な注意は，監査人に対して，職業的懐疑心の行使を求めている。不正にはさまざまな特性があるため，監査人が不正による財務諸表の重要な虚偽表示リスクを考慮する場合には，職業的懐疑心を行使することが重要である。職業的懐疑心とは，疑いをもつ心と監査証拠に対する批判的評価を含む姿勢である。監査人は，被監査会社社との過去のいかなる経験にかかわらず，また，経営者の正直さと誠実性について自身がいかなる信念をもっていようとも，不正による重要な虚偽表示が存在している可能性があるとの心構えをもって，監査契約を実行すべきである。さらに，職業的懐疑心は，監査人が入手した情報や証拠が，不正による重要な虚偽表示が現に生じていることを示唆しているのではないかどうかを絶えず疑うことを求めている。証拠を入手・評価するに際して職業的懐疑心を行使する際，監査人は，経営者は正直であるとの信念を理由に，説得的とはいえない証

第1章 なぜ監査上の懐疑を考えることが重要なのか　17

拠に満足すべきではない。

　AICPA が職業的懐疑心の水準に関して，このような意識の変革を会員に求めるに至ったのは，Enron（2001），WorldCom（2002）に代表される監査の失敗が，監査人の独立性問題だけでなく，監査手続における「疑い不足」に起因していた，と認められたからである。監査基準書第99号は，監査人の職業的懐疑心に対する心構えをリセットし，とりわけ不正による重要な虚偽表示リスクが認められる場合の監査人の対応を強化した。その意味において，監査基準書第99号は監査の質の強化に貢献したといえるであろう。

　しかしながら，一般的に考えて，監査人が財務諸表監査において行使すべき懐疑心の水準は，監査人を取り巻く状況によって異なるはずであり，また，その状況の変化に応じて，懐疑心の深度も変わるはずである。懐疑心の深度を高めることは，確かに監査手続の強化に結びつき，それは監査の有効性を引き上げることになる。しかし，不正による重要な虚偽表示の可能性が小さい場合には，「中立的懐疑心」を反映した監査手続でも十分に対応できるはずであり，その場合には監査の効率性を重視した監査手続が計画されても許されるはずであろう。当時の AICPA（ASB）は，中立的懐疑心を含む水準の異なる懐疑心を表現する概念をどのように認識していたのかであろうか。とりわけ監査基準書第99号では「推定的懐疑心」という用語は明示されていないが，従来の「中立的懐疑心」に関する記述が削除されていることは，「推定的懐疑心」と呼ばれる懐疑心の水準だけが，公式に認められた懐疑心の深度であることを示唆しているのであろうか。監査基準書第99号が，財務諸表監査において許容される職業的懐疑心の水準（深度）の問題を，いったいどのように考えているのかは，現時点において未解決である，と著者は考えている。

第2章

財務諸表監査における監査判断の態様と
監査認識プロセス

　財務諸表監査が所定の目的を果たせるかどうかは，突き詰めていえば，監査人が監査プロセス全体を通じて，精神的独立性を維持し，かつ，当該監査状況のもとで適切な監査判断を行使したかどうかにかかっている。いかに実務経験の豊富な監査人であっても，いかに専門的能力に優れた監査人であっても，いかに精神的独立性を発揮して監査に臨んでも，監査人が判断を間違うことはあり得る。また，いかにIT技術が進歩しても，監査人の判断を人工知能（artificial intelligence：以下，AI）におきかえることはできない。監査の質は，いいかえれば，監査人が下す判断の質であり，監査の失敗は，多くの場合，「誤った監査判断」あるいは「不適切な監査判断」に起因する。アメリカやわが国における過去の監査実務にみられた監査の失敗は，監査人側の疑い不足——職業的懐疑心を十分に行使せず，経営者や業務担当者の陳述をそのまま鵜呑みにしたこと，また，第三者から得た証拠をそのまま受け入れたこと——によってもたらされた場合が多いことを示している。

　監査判断，監査の失敗，監査の質，そして職業的専門家としての正当な注意——とりわけ監査上の懐疑（職業的懐疑心）——は相互に影響し合い，それらを個別に取り上げて論ずることは，少なくとも監査実務においてはあまり意味がない。しかし，学術目的のうえからは，それらの概念内容を明らかにし，整理することは非常に重要である。また，これらの諸概念の定義が確立されているとはいえないからである。

　本章では，まず，監査判断を取り上げることにする[1]。監査判断とは何であろうか。監査人は，何について判断するのであろうか。職業的懐疑心との接点

1　本章（2.1）と（2.2）は鳥羽［2011］（pp.94-108）に，また，(2.3)と(2.4)は鳥羽［2010b］（pp.7-15）に加筆修正を行う形でまとめられている。

20

はどこにあるのであろうか。

2.1 　判　断　と　は

　人が判断をするということは，どのようなことを意味しているのであろうか。判断（判断する）とは何であろうか。*Webster's Third New International Dictionary*［1993］（p.1223）は，「判断」（judgment）の意味の1つとして，「識別と比較を通じて意見を形成または評価する心のプロセスあるいは知的なプロセス」を明らかにしている。判断は人間の本質的行為にかかわっているため，その意味と内容については，とりわけ哲学と認知心理学の対象となってきた。しかし，それぞれの領域での議論は，定義を含めて同じではない。監査判断や職業的懐疑心についての先行研究では，認知心理学を基礎においたアプローチが中心であるので，その視点での判断の意味内容をまず取り上げることとする。

2.1.1 　認知心理学と判断

　認知心理学（cognitive psychology）は，「判断する」という行為を「人の心の働き」（心理）の問題として捉え，いかなる要因が心理に影響を与え，ある特定の判断に至るのか（反対に，至らなかったのか）を科学的に説明する。判断は，認知心理学の分野では，たとえば「未知の事象の特性を推論し，見積り，そして予想する人間の能力である」と定義されている（Hastie and Dawes［2001］p.48）。認知心理学は，「判断」と称せられる行為に従事した人の心理（心の働き）およびその要因の識別と機能状況を明らかにしようとする。認知心理学は，「データ」と呼ぶことができるかもしれない特定の情報に基づいて，心の働きについて一般的な結論を与えようとする。

　判断には情報が不可欠である。その情報は，判断者が入手し，接触し，あるいは五感の働きを通じて感知した情報であり，文字・記号媒体による表現という形態をとるもの，音・光を含む物質の形態をとるもの，あるいは人を取り巻く状況や環境などの形態をとるものを含み，極めて広義である。とはいえ，われわれ人間には，ほとんどすべての状況において，正確な判断を下すうえで必要な情報のすべてが与えられるわけではない。その意味で，判断とは，一部の

情報に基づいて未知の事象について一般的な結論を導く帰納的推論の1つの拡張形態である，といえる（Robinson-Riegler and Robinson-Riegler［2008］p.502）。

　判断は，判断者がすでに有している知識や経験，判断者の抱く期待や信念，そして判断者のおかれている状況（環境）と，外部から新たに与えられた情報とが相俟って，判断者に未知の事象や世界について知的な推論をもたらすプロセスである。外部から与えられたすべての情報あるいは内部にすでに収納されている情報が一度に等しく，判断者の心の動きに影響を与えるのではない。人間が有するさまざまな情報は，人間の心の動きに強弱を伴って影響し，最終的にある1つの決定（判断）を生み出す。したがって，どの情報を取り上げ，どの情報を捨てるか，判断のプロセスとは，所詮，人間が得た情報間の「順位付けをするようなもの」（Laming［2004］p.51）とも説明される。

　そもそも，人が判断という行為に従事するのは，その人がある目的（意図）を有しているためである。判断という行為それ自体が，そこに何らの目的をもたず，あるいは目的と無関係に行われることはない。人は判断をするために判断するのではない。人が判断をするのは，判断をする当事者が，ある状況のもとで，ある目的に関連して何らかの意思決定を行うことを予定しているためである。それゆえ，人が判断するということは，その人が，自己の目的に照らして，入手した広義な意味での「情報」について，その特徴・限界などを識別し，他の情報のそれと比較し，区別し，場合によっては心のなかでそれらの間で優先順位をつける，という内的プロセスであることを意味している。本書では，判断なる概念について，以下のように整理しておくことにする。

　判断とは，ある特定の意思決定（あるいは目的の達成）に関連して得た情報について，判断者がその真偽，確からしさ，内容，特性などを識別・評価し，また一部を抽出（選択）し，あるいは他の情報と比較し，差別化し，さらには結合（統合）することによって，入手した情報の間に優先度をつけ，それに基づいて未知の事象や世界について推論をするプロセスである。

2.1.2 哲 学 と 判 断

　1950-1970年代にかけて，アメリカのプラグマティズムにおいて中心的な活

動をした研究者の1人である Buchler［1979］（p.51）は、「判断とは，人が自己と自己を取り巻く環境を相互に作用させることによって，その人の経験を前向きに展開しようとするプロセスにおいて得られるさまざまな特性（自然の特性）を比較，差別化，あるいは選択することである」と説明し，その範疇を3つに分けて次のように説明した（p.48）。

　人の行う判断（human judgment）には，3つの種類があるように思われる。われわれは，それぞれを「主張についての判断」，「行為についての判断」，そして「表示（表現）についての判断」と称することができるかもしれない。主張についての判断とは「真であるか，それとも偽であるか」といった形で通常行われるすべての問いかけである。表現（表示）についての判断とは，物（materials：これには人が形成した記号も含まれる）を形づくり（shaping）あるいはそれを整えること（arranging）からもたらされる。行為についての判断とは，行為や行動と表現されるものが通常当てはまるすべての人の営みから構成される。上記の3つの種類の間に明確な線を引くことが難しいことは明らかである。これらの間の違いは主として機能的なものであって，構造的なものではない。

　上記の説明は判断対象の視点から判断を範疇化したものと理解されるが，同時に判断の性質も併せて示している。判断を3つの範疇に分けて機能的に考えるという捉え方は，そのまま監査人が行う判断の枠組みを展開するうえで有用であるので，それを基礎に判断の基本的な枠組みを展開し，それと監査人が従事する監査判断との関係を明らかにすることとする。図表2-1は判断の基本的枠組みを図示したものである。

2.1.3　主張についての判断

　主張についての判断（assertive judgment）は「ある言明が真であるかどうかについての判断」（to determine whether it is）であり，その判断を求められている人は，当該判断をする場合の根拠を明らかにする必要がある。その根拠は言明の性質によって異なる。分析的言明（analytic statement）は，事実的内容をいっさい含んでいないため，その真偽は言明間の論理関係（論証関係）によって決定される。一方，総合的言明（synthetic statement）は，事実的内容を含

図表 2-1 判断の基本的枠組み

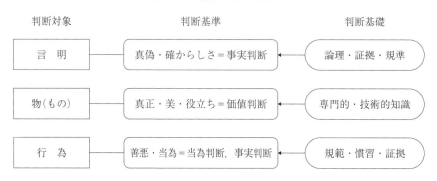

んでいるので，その真偽——ただし蓋然的な意味での真偽であるが——は証拠に基づき，あるいは確立された規準に照らして決定されることとなる（Salmon [1967] pp.31-34）。

監査人の認識活動は，経営者による会計的言明（accounting statement/financial statement）が含んでいる会計上の主張（アサーション：assertion）を識別し，それを証拠に基づいて立証するという形で行われる。財務諸表監査において，監査人が行う判断のほとんどがこの範疇に属する，と考えてよい。いかなるアサーションを識別するか，それをいかなる証拠をどの程度入手して立証するか，いつその証拠を入手するか，いかなる会計基準を選択・適用するかなど，一連の監査判断が行われる。その監査判断が監査人の抱く懐疑（懐疑心）とは無関係になされることはない。たとえば，アサーションの識別——肯定的なアサーションを設定するか，否定的なアサーションを設定するか——は，監査人が当該状況のもとで抱く懐疑心によって影響を受けるはずである。

たとえば，貸借対照表上に表示されている売掛金 100 百万円について，監査人が「貸借対照表に表示されている売掛金 100 百万円は実在している。」というアサーションを識別するか，それとも「貸借対照表に表示されている売掛金 100 百万円の実在性について，重要な虚偽表示はない。」というアサーションを識別するかという選択は，監査人が最初に行わなければならない監査判断である。監査人は，その後で，そのアサーションが蓋然的な意味において成立するかどうかを，入手した監査証拠に基づいて決定することになる。この段階の

決定もこの種の範疇に入る監査人の判断である。詳細は，第4章（4.2）を参照されたい。

2.1.4　表現（表示）についての判断

　表示（表現）についての判断（exhibitive judgment）とは，ある物について，(a) 本来の性質を表示（表現）しているかどうか，(b) どのような状況や状態にあるのか，あるいは，(c) その機能はどのような状況にあるのかなどを内容とする判断であり，判断者の当該物についての評価——すなわち価値判断（evaluative judgment）——によって大きく影響を受ける。もちろん，この種の判断に際しても，当該物の状況や状態あるいは機能状況についての評価を裏づける根拠は必要である。判断者の主観に完全に依存する場合もあるが，主観だけが常に支配するわけではない。たとえば，対象物の真正性を判断する場合には，当該対象物に関する専門的知識・技術的（工学的）知識・文化的知識など，当該対象物は本物であると判断するうえで必要な知識が広範囲に求められる。時には，常識が必要なこともある。

　財務諸表監査においても，監査人にこの種の判断が求められる場合があり，時には，この領域での監査判断が財務諸表監査の成否に影響する場合もある。たとえば，監査人が閲覧した売買契約書や外部の第三者から入手した確認回答書が偽造されたものでないかどうか，実査した手形のなかに偽造手形が混入されていないかどうか，在庫品が本物であるかどうか，在庫品の品質はどのような状況にあるかなどを決定するのが，この範疇に属する判断である。職業的懐疑心の行使が強く求められる領域であるが，一般的にいって，この範疇に関連する監査人の判断能力は限られる。

2.1.5　行為についての判断

　行為についての判断（active judgment）は，特定の行為についての判断者の評価・期待を示すもので，一般に，当為判断（to determine it should be）と呼ばれている。われわれの社会において，たとえば教育，医療，司法，さらには企業経営におけるコンプライアンスの分野で，この種の判断が当事者（教師，医師，裁判官，経営者など）から明示的になされることはしばしばある。しか

第 2 章　財務諸表監査における監査判断の態様と監査認識プロセス　25

し，財務諸表監査において，監査人による当為判断が監査報告書において明示されることは一般にはない[2]。

　行為を対象とした判断が常に当為判断とは限らない。たとえば，監査役監査の場合には，取締役の職務執行に関連して事実判断を監査役が行わなければならない。取締役の職務執行に不正や法令または定款違反行為があったかどうかについての判断がそれである。「行為についての判断」が監査人に求められる典型的な例であるが，そこでの判断は証拠に基づく事実判断であり，当為判断ではない。

　特定の行為の有無を事実として決定する場合（事実判断）であれ，特定の行為を判断者が期待する場合（当為判断）であれ，この種の判断を行う場合でも，判断者にはその根拠が必要である。事実判断であれば，当該行為の良し悪しを決定する規準（法規範やルール）およびそれを裏づける証拠が，当為判断であれば，その背後に，判断者が依拠したであろう価値規範や倫理規範があるはずである。場合によっては，慣習や慣行（Christie［1982］pp.3-4）が規範としての機能を果たすこともある。

　財務諸表監査において，この種の判断が求められる場合は限られている。たとえば，財産不正（横領）の可能性を示唆する状況に直面した場合でも，財務諸表監査のもとでこの種の不正行為に対して，監査人が事実判断を直接行うことは，通常の場合は求められていない[3]。そのような場合，監査人は当該状況（その可能性）を経営者に報告し，会社側での事実認定を求め，その結果を言明（調査報告）の形で求めるのが通常である。当該調査報告について納得できない部

---

[2]　監査報告書に監査人の当為判断がなされることは基本的にはない。しかし，監査役監査報告書においては，その範疇に属すると思われる「監査人の期待」に繋がる判断が，その是非は別として，明示的に記載されることもある。たとえば，ジャパン・デジタル・コンテンツ信託株式会社　監査役会監査報告書（2009 年 6 月 29 日）；兼松株式会社　監査役会監査報告書（2009 年 5 月 31 日）；日特建設株式会社　監査役会監査報告書（2007 年 6 月 28 日）。

[3]　財務諸表監査において，財産不正の事実判断が監査人にまったく求められていないわけではない。もし当該財産不正が財務諸表の重要な虚偽表示に影響を及ぼしていると判断した場合には，虚偽表示されている金額と内容を監査人は直接確かめる必要がある。しかし，その場合の監査人の行為も，最終的には，「主張についての判断」を正しく行うため，と理解すべきである。

分があり，しかも，それが財務諸表の表示に関係している場合には，その部分について「主張についての判断」に切り替える。

アメリカにおける内部統制監査(非言明の監査:ダイレクト・リポーティング)においては，最終的に内部統制の機能状況についての監査人の意見が求められる。この場合の監査意見は，監査人が内部統制について識別したアサーション——その中心は明示的アサーションである——についての事実判断を基礎にして形成される。究極的には「行為についての判断」に準ずる判断が求められていると考えられる[4]。

ある行為の是非について監査人（判断者）としての判断を明示することは，少なくとも財務諸表監査においては予定されていない。たとえば，経営者との関係において，重大な内部統制の欠陥や会計上の不適切な処理や誤った会計処理・表示を検出した場合（事実判断）でも，それらを経営者の行為としてみなし，それらを是正すべきであるとの当為判断が監査報告書に明示されることはない。財務諸表監査における監査人の判断は，いろいろな判断経路を通ろうとも，最終的には財務諸表における「主張についての判断」に還元される。

監査人が判断を誤るということは，そのほとんどが「主張についての判断」（事実判断）に関係し，しかも，当該主張の立証に関連して行われるさまざまな監査人の認識（監査手続）に関連している。換言すれば，監査の失敗（＝監査判断の失敗）は，多くの場合，監査証拠（情報）の入手を計画する段階，それを実際に入手する段階，そして入手した証拠を評価する段階のそれぞれにおいて，その質・特性・意味を正しく識別，評価，解釈できなかったこと（事実判断の失敗）を意味し，多くの場合，監査人側における「疑い不足」——職業的懐疑心の欠如または不足——が関係している。このような意味での監査判断のミスは，広義には，監査契約の締結から監査報告書の提出に至る監査プロセス全体において起こりうるが，監査の成否に最も直接的な影響を及ぼすものが，証拠プロセス（信念形成プロセス）における監査判断のミスである。

4　内部統制システムについての機能状況を監査報告書において保証するのではなく，「取締役の職務の執行」に関係づけて記載する監査役会監査報告実務が会社法において広がっている。この場合の判断は「取締役の職務執行」という行為についての判断と考えてよいであろう。

2.1.6　倫理的判断——さらに上位の判断

　監査人に求められる判断には，Buchler［1979］が識別した上記３つの判断とは次元を異にする，もう１つの上位の判断がある。それが**倫理的判断**（ethical judgments）である。倫理的判断とは，判断対象が何であれ，すなわち，主張，物質（物），あるいは行為のいずれであれ，判断という行為に従事する人に対して，広い意味での「道義」（morality）を，「人間行為の規範」として優先することを求める考え方である。たとえば，自己の利益や特定の個人や組織の利益ではなく，社会全体（最大多数）が享受できる利益を優先するという功利主義的思想も，「道義」の具体的な表現にほかならない。

　監査プロフェッションにおける道義とは，監査という社会的役割を引き受けた者が，何よりも優先的して認識し尊重しなければならない監査専門職業上の道義である。監査専門職業上の道義は，実務的には，職業倫理規則（a Code of Professional Conducts）を通じて具体化され，監査プロフェッションおよび監査組織における自己規制の仕組みを通じて確保される。それゆえ，監査人が監査認識プロセスの各段階において「主張」，「事実」，そして「行為」についての判断を行う場合には，倫理的な判断がなされていることが前提である。しかし現実には，監査人個人の利益（監査人が所属する組織の利益）と社会の利益とが一致せず，むしろ対立するような状況に監査人が遭遇し，状況によってはそこに追い込まれることが起こる。それゆえ，監査人は職業倫理を常に念頭におき，そのような状況に自らを追い込まないように，日ごろの判断や意思決定を十分に律する必要がある。監査プロフェッションにおいて，専門職業倫理（professional ethics）の重要性が常に強調される所以はここにある。

　通常の場合，倫理的判断が監査認識プロセスの各段階において具体的に表面化することはない。倫理的判断は監査人の内的プロセスのなかに，とりわけ監査人の心の問題（とりわけ，監査人の精神的独立性の問題）として納まっている。監査判断は，まず，規範（ルール）に基づく事実判断を基礎とする。しかし，状況によっては，監査判断の是非が事実認識そのもののレベルではなく，監査という社会的役割との関係において問われ，しかもその判断が同じ監査プロフェッショナルでありながら割れかねないような非常に難しい場合がある。そ

の場合に重視される視点が，ここにいう監査人の倫理的判断である。倫理的判断が求められるのは，監査プロフェッショナルが財務諸表監査という役割を引き受け，それについて，具体的には，社会の構成員に対して信託的義務と責任（fiduciary obligation and responsibility）を負っているからであり（Gaa［1995］p.257），彼らの行動が社会の構成員の厚生（welfare）に影響を及ぼすからである（p.256）。

　監査人は，財務諸表（言明）の適正表示について，一般に公正妥当と認められる企業会計の基準に照らして判断することが求められている。財務諸表が一般に公正妥当と認められる企業会計の基準に準拠して作成され，かつ，当該財務諸表に重要な虚偽表示がないことを確かめた場合には，無限定適正意見を表明する，という制度上の立てつけとなっている。しかし，会計基準を適用して作成された財務諸表が，現実問題として，被監査会社の経済的実態を適正に表示しているとはいえない場合——換言すれば「事実判断」としては虚偽表示には当たらないが，当該企業の経済的実態について財務諸表利用者に重大な誤解を生ぜしめる可能性があると判断される場合——がある。この場合に，監査人はいかなる判断を監査報告書の作成に際して下すべきか，という難題に直面する[5]。既存の会計規範をあくまで尊重すべきであるという判断と，既存の会計規範にはとらわれず，財務諸表利用者に重大な誤解を招くような表示は排除されるべきという判断が成り立ち，相互に激しく対立する。前者の立場で判断をすれば，監査人は通常求められている，規範に基づく事実判断の枠内での監査判断を行使したということになる。反対に，後者の立場を採用した場合には，監査人は「経済社会において果たす監査人の役割（任務）はどうあるべきか」（当為判断）という視点を踏まえて判断を下したことになる。この判断こそ，ここにいう倫理的判断が具体化した場合にほかならない。

5　このような状況は頻繁に起こるものではないが，これまでの監査の歴史においてなかったということではない。たとえば，アメリカで 1969 年に起こった Continental Vending Machine Co. 事件（United States *v.* Simon（425F. 2d 796）［1969］），イギリスで 1979 年に起こった Argyll Foods Limited 事件（Ashton［1986］），カナダで 1986 年に起こった Victoria Mortgage Corporation Ltd 事件（Chigbo［1998］），そしてわが国で 1993 年に起こった昭和シェル外国為替含み損事件（鳥羽［1996］）などがある。

2.2 監査認識プロセスと監査判断

監査において公認会計士が行う判断の重要性については，言を俟たない。Bell et al.［2005］（p.18）は，監査判断の重要性について以下のように喝破している。

「職業的専門家としての判断は，まさに監査の真髄である。監査における専門的判断は，監査の開始から終了にわたるすべての段階で監査の質に影響を与える。専門的判断は，監査人が非サンプリング・リスクを管理するうえでの主要な手段であると同時に，非サンプリング・リスクを生み出す大きな源泉でもある。監査証拠，監査人の信念，そしてリスク評価の３つをもって監査の礎石と考えるとすると，専門的判断はそれらをつなげる『接合剤』であるといえよう。」

財務諸表監査において，監査人は，監査の主題である財務諸表について，「財務諸表は当該企業の財政状態，経営成績，およびキャッシュ・フローの状況を適正に表示すべきである」という当為判断を下すことを求められているわけではない。また，財務諸表の監査を通じて，当該財務諸表の発行企業の経済的実態の良し悪しや当該企業の価値（たとえば，企業財務の健全性，企業経営の効率性，将来の成長性など）を評価すること（価値判断）を求められているわけではない。監査人が「企業の公表する財務諸表は適正なものでなければならない。」あるいは「経営者は適正な財務報告をしなければならない。」という基本認識（監査人としての信念）をもって財務諸表監査に臨んでいることは確かであるが，そのような判断や信念が表面化することはない。ましてや，財務諸表監査を通じて，被監査会社の企業価値を評価し，また，その将来における経済的繁栄や成長に対する価値判断や予測を表明するものではない。

監査人に求められている信念とは，基本的には，経営者の会計的言明（財務諸表）が蓋然的な意味において真であることについての，証拠に基づいて正当化された信念である。監査の分野では，この水準の信念について「正当化された合理的信念」（justified reasonable belief）なる表現が与えられている。監査判断は，財務諸表の適正表示についての監査人の信念が合理的に形成されたものであることに対して，正当性を与えるものである。逆にいえば，事実認識のレ

ベルにおいて適切な監査判断が行使されることなく，監査人の合理的信念が正当化されることはない。

　とはいえ，監査人が直接接触することのできる事実（直接証拠）は極めて限られている。むしろ，監査人の認識活動の中心は，証拠（間接証拠）の評価を通じて特定の事実の有無やその内容を推定することにある。監査人が依拠するものは，形態，源泉，信憑性（信頼性）を異にする証拠（情報）である。そこにおいて，監査人は入手した証拠の価値（証拠の信頼性と証明力）を評価するとともに，それらの証拠に基づき特定のアサーションが合理的に立証されているか（裏づけられているか）どうかを確かめることが求められている。監査人の判断は経営者の言明（財務諸表）やそれが含むアサーションとの関係において，認知的（cognitive）であり，また証拠評価的（evaluative）である。

　監査人が従事する監査認識プロセス（証拠プロセス）は，監査の依頼人との間の監査契約の締結を起点とし，監査報告書の依頼人への提出を終点とする。その起点と終点の間に，監査プロセスにおいて最も中枢的なプロセスが存在する。それが監査認識プロセスである。監査認識プロセスは，（a）これから実施される監査人の認識活動の内実を具体的に予定する段階（**監査計画の策定**），（b）監査計画に従って，個々の監査人が特定のアサーションについて証拠を入手し，評価し，当該アサーションについて信念を形成する段階（**監査手続の実施**），（c）個々の監査人が形成した信念が証拠の質と量に照らし，また一般に認められた監査基準に照らし，十分に正当化されるものであることを別の監査人（上司の立場にある公認会計士）が評価する段階（**監査調書のレビュー**），そして（d）最終的には監査責任者の形成した「意見表明のための基礎」が合理的なものであるかどうかを評価する段階（**事務所内の組織的審査**）から構成される（図表2-2）。証拠の評価という視点で特徴づければ，監査人が従事する監査認識のプロセスは，

　（a）証拠の事前評価
　（b）現場での証拠評価
　（c）個別証拠の事後評価
　（d）総合証拠の事後評価

から構成される反復的なプロセスとして説明される。

図表 2-2　監査認識プロセスと監査判断

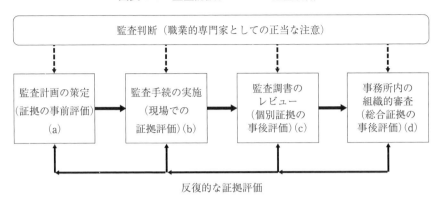

　監査計画を策定する段階で，監査人は認識の対象とする財務諸表上のアサーションを**識別（選択）**し，各アサーションに対して行うべき**監査手続の内容を決定**しなければならない。この決定は，通常，**財務諸表における虚偽表示リスクについての判断**と**当該アサーションの重要性についての判断**に基づいて行われる。監査人は，さらに，特定のアサーションに焦点を絞り，それを立証するうえで必要な**証拠の入手方法**，**証拠の量**，そしてそれを**入手する時期**を判断する。これらの判断が（a）段階における証拠の事前評価の実質を形成し，その結果は監査計画に反映される。

　監査人は，監査計画に従い，当該監査状況のもとで最も適切な監査手続を決定・実施する。具体的には，当該アサーションに適合する証拠（関連性）を入手し，その質（真正性・信頼性など）を評価するとともに，当該アサーションを証拠によって裏づけ，当該アサーションの立証者としての信念を形成する。これが（b）の段階で行われる証拠の評価であり，監査現場において監査スタッフが中心に実施する監査手続の実質である。

　監査スタッフが実施した特定のアサーションについての認識の結果は，すべての検出事項とともに，監査調書に個々に記載され，経験豊かな上司の評価を受けることとなる。これが(c)個別証拠の事後評価である。上司たる監査人は，監査スタッフの実施した監査手続の内容と検出事項の評価を通じて，

　1）監査手続が一般に公正妥当と認められる監査の基準に準拠して実施され

ていたかどうか

2）特定のアサーションについて監査スタッフが確かめた証拠は質的にも量的にも十分であるか

3）特定のアサーションについて監査スタッフの下した判断と結論は，当該監査状況のもとで合理的と判断されるかどうか

4）財務諸表上の虚偽表示や財産不正に繋がる恐れのある徴候や糸口が監査調書に記載されていないかどうか

を判断する。これが（c）の個別証拠レベルの事後評価であり，監査認識プロセスにおいて最も実質的で重要な監査判断が行われる。監査の失敗の多くは，この段階における監査人の職業専門家としての正当な注意の不足が関係しているように思われる。

　最後に，監査期間に実施された監査手続を通じて検出されたすべての検出事項が，当該監査に関与していない別の監査人によって検討され，検出事項が

1）財務諸表の重要な虚偽表示に結びついていないかどうか

2）さらに監査手続を追加して確かめるべき監査領域が示唆されていないかどうか

3）監査人が実施した監査手続全体は監査意見の形成のための「合理的な基礎」を提供しているかどうか

という観点から慎重に判断される。これが（d）の総合証拠レベルでの事後評価である。

　以上は，監査人が財務諸表監査において従事する監査認識プロセスの基本的な流れである。監査認識プロセスの各段階に，監査人による職業的専門家としての正当な注意が反映され，さまざまな監査判断が監査認識プロセスの推移とともに慎重になされ，もって監査人の財務諸表について合理的な信念が確かめられ，蓄積していく。監査人による証拠の評価は，監査計画の策定段階（a）で，監査手続を実施する段階（b）で，そして監査手続が終了した段階（c）でも実施され，さらに意見形成の基礎が確かめられているかどうかを評価する段階（d）でも行われる。個別のアサーションに対する監査人の信念形成，そして最終的には財務諸表の適正表示に対する監査責任者の信念形成は，以上のような監査認識プロセスにおけるさまざまな監査判断を通じて，反復的に，階層的

に，そして多重的に実施される。以上のような監査認識プロセスの特徴が，現代の監査プロフェッショナルが実施する監査認識（監査手続）の有効性を全体として保証していると考えられる。

このように考えると，サンプリング・リスクに起因した監査の失敗は別として，また監査人が注意散漫で粗悪な，あるいは不誠実な監査をしていない限り，ある監査チームが財務諸表上の重要な虚偽表示を見落とすということはほとんどありえないはずであろう。監査チームに属する監査スタッフ個人が見落としたという個人認識のレベルよりも，監査チーム全体が気づかなかった（見落とした）という集団認識の精度のレベルに，問題があるように思われる。監査認識プロセスにおける個々の監査判断上の誤りが是正されず——監査人の認識をそのまま通り過ぎ——，さらに他の諸要因とも重なり合って，多くの監査の失敗を引き起こす直接的あるいは間接的な原因となっているように思われる。東芝不正会計における監査の失敗（2015）は，基本的には，ここに起因しているものと推察される。

その一方において，オリンパス不正会計にかかる監査の失敗（2010）は，監査認識プロセスにおける「職業的専門家としての正当な注意」を単に強調するだけでは，不正会計の兆候に気づくことが困難となってきていることを意味している。それは，被監査会社の膨大な取引量，取引の複雑化，そして IT 処理化という理由だけでなく，経営者が監査人の監査認識（監査手続）の弱点や盲点に気づき，それを突くような不正のスキーム（不正取引のスキーム）を次第に考案するようになったからである。時代も適用された監査規範も異なるが，山一證券不正会計にかかる監査の失敗（1997）も，銀行を介在させた経営者が仕組んだ不正スキームが関係していた（伊藤［2010］）。なお，「監査の失敗」なる概念については，第 3 章（3.1）において詳説する。

監査人の判断をより厳しく強化する監査思考，監査人の目をより研ぎ澄ます監査手続に対する基本思考が一段と模索されることとなった。それが監査上の懐疑であり，とりわけ監査人の疑う心を意味する**「職業的専門家としての懐疑心」（職業的懐疑心）**である。

2.3 監査判断のミス

　財務諸表監査はさまざまな制約のもとで実施されている。そのため，監査の失敗を完全に封じ込めることは現実的に難しい。監査人が受ける制約とは，具体的には，①監査人が従事する監査認識の範囲とその深度は，コスト（監査時間）という要因を完全に度外視して決定されないこと（経済的制約），②監査の結論を一定期間内に下さなければならないこと（時間的制約），③監査人の認識は試査に基づいて実施されること（証拠の量による制約），④監査人の技能・知識・経験・性格は一様ではないこと（監査人の個人的特性に起因する制約），⑤監査人の認識活動は，被監査会社との契約（合意）に基づいて実施されるものであり，公権力を背景に実施されるものではないこと（証拠の入手可能性による制約）であり，これらの制約が監査人の認識活動に直接的に，そして間接的に影響を与える。

　監査の失敗は，起こりうる。それは，以上の制約に起因して監査人が誤った（不適切な）監査判断をしてしまう可能性は，常に残るからである。監査人がいかに独立性を発揮し，また職業的専門家としての正当な注意を行使して監査に臨んでいても，財務諸表に潜んでいる重要な虚偽表示の検出に失敗し，誤った監査意見を結果として表明するリスクは依然として残る。監査人が財務諸表の重要な虚偽表示を検出できるかどうかは，**財務諸表監査の有効性**そのものにかかわる問題である。監査プロフェッションにとって喫緊の課題は，「監査の有効性をいかに高めたらよいか」あるいは「監査人はどのような考え方で重要な虚偽表示の検出に臨むべきか」，そもそも「監査人が財務諸表監査において従事する監査認識（監査手続）のあり方をどのように考えたらよいのか」という本質的な問いかけに対する答えを得ることであろう。これらの問題は，audit skepticism をいかに考えるかという問題と同一線上にある。

　専門職業のなかには，当事者のなした言明が真であるかどうか，あるいは（もう少し弱められた形で）より確からしいものであるかどうかを，第三者が証拠に基づいて判断し，その結果を当該第三者の新たな言明として当事者に伝える，という機能が求められているものがある。原告と被告の主張が対立する争点について法的判断をして判決を下す裁判官，われわれの社会で起こった出来事に

ついて情報を集め，その真偽の程度を確かめ，最終的には当該出来事の内実を「記事」——これは第三者による評価を経た事実的情報であって，真実そのものではない——として社会に広く報道するジャーナリスト，そして経営者の会計的言明（財務諸表）の適正表示を証拠に基づいて立証し，当該言明の適正表示についての信念を監査意見として表明する監査人がそれである。

いずれの場合でも，当事者には，情報の入手（利用）・評価に関して，独立的で客観的な判断が求められるが，場合によっては公正な（偏らない）判断が特に重要視される場合もある。裁判官はその典型的な例であり，制度的には，公正な判断が下せるような仕組みが裁判官に保証されている。監査人が関与する社会的関係——情報作成者としての経営者と情報利用者としての一般投資者との間の関係——は，裁判官が関与するそれとは異なるが，監査人の判断にも独立的で客観的な判断が求められる。

Bazerman et al. [2002] は，監査の失敗あるいは「悪い監査」（bad audits）は，多くの場合，監査人の意図的な堕落に起因するのではなく，監査人に本来求められているはずの「客観的で公正な判断」を十分に発揮することを妨げる，監査人にとって都合のよい（利己的な）バイアス（self-serving bias）を生み出す特に肥沃な土壌が提供され，そのために無意識なバイアス（unconscious bias）が引き起こされてしまうことになる，と観察する。Bazerman et al. は，とりわけ会計の有する3つの構造的な面によって，これらのバイアスが監査判断に影響を与えてしまう機会が作り出され，さらにそのような機会が3つの人間的本性によって増幅されることを指摘する[6]。このような観察に基づいて，エンロン事件発生時点における財務諸表監査の仕組みから，監査人の利己的なバイアスを生み出す状況を取り除く，環境改善のためのいくつかの緊急策の提案を

---

6 「会計の有する構造的な面」とは，
① 会計と監査が有している曖昧さ（ambiguity in accounting and auditing），
② 公認会計士は，経営者の知遇を得て，被監査会社との長期に及ぶ付き合いに強いインセンティブを有していること（attachment），
③ 経営者が下した判断を承認（あるいは評価する）という側面を監査が究極的に有していること（approval），
また「人間的本姓」とは，
④ 人は，親密な間柄にある人に対しては，その人が被る損害を最小限にしてあげようとの意向が強く働く（familiarity），

している[7]。

　重要なことは，監査人の利己的なバイアスが，監査判断の深層部分で影響を
与えていることを正しく認識しなければならないことを強調している点である。監査人といえども，無意識のうちにミスを起こすことがあること，また，
なぜ，監査人がそのようなミスを犯すに至ったかの理由を理解することが重要
であり，単に監査プロフェッショナリズムに訴えても監査人を守ることにはならない。

　しかし，監査人が陥る判断のミスは，Bazermant et al. が主張する「利己的
なバイアス」だけに起因するものではない。監査環境の改善が監査人側のバイアスの除去に役立つことは確かであるが，監査人が日常的な監査のなかで当然
のこととして受け入れている監査認識のあり方そのもの──監査人の疑い方そ
のもの──が，監査人にとってむしろ都合のよい構造的なバイアス（確証傾向：
confirmation proneness）を結果として醸成してきた，といえるかもしれない。
なお，確証傾向については，第4章（4.1）にて詳説する。

2.4　監査判断・職業的専門家としての正当な注意・職業的懐疑心

　財務諸表監査の失敗──とりわけ大きな監査の失敗──を繰り返さないため

---

　⑤　人は，即座に悪い結果の出ることがわかっているような場合には，それを直ちに表に
　　　出すような行動はせず，むしろ，それを先延ばしするような行動を採ろうとする傾向が
　　　ある（discounting），
　⑥　人は，軽率な行動やうっかりミスについては，それを隠そうとする，あるいは言葉巧
　　　みにいい抜けようとするが，そのような行動の結果，うっかりミスの結果が集積し大き
　　　くなっていった場合には，それを意図的に隠蔽しようとする意思が働く傾向がある
　　　（escalation），
　である（Bazerman et al.［2002］pp.98-100）。
7　「環境改善のためのいくつかの緊急策」とは，次のものである（Bazerman et al.［2002］
　p.102）。
　①　被監査会社へのコンサルティング業務の禁止。
　②　更新による監査契約ではなく，監査の結果にかかわらず，監査契約がある一定期間自
　　　動的に保障される仕組みを導入すること。監査期間終了後の再契約は禁止されること。
　③　すべての報酬およびその内容は監査契約締結時点で確定し変更できないこと。
　④　監査事務所自体の定期的な交替を法律で義務づけること。
　⑤　被監査会社が監査契約締結中の監査事務所からの退職者を雇用することの禁止。

には，監査人は監査の有効性を一段と高めなければならない。監査人は監査判断をどのように高め改善したらよいのであろうか。監査判断の失敗を防ぐには，監査認識のあり方をどのように考えたらよいのであろうか。

　従来，監査判断において監査人に求められる注意の標準は「職業的専門家としての正当な注意」（Due Professional Care）であった。「職業的専門家としての正当な注意」によって示される注意の標準は，アメリカの場合には，1946年に公表された『監査基準試案』（American Institute of Accountants: 以下，AIAという。）において初めて導入され，1954年に正式に承認された『監査基準——一般に認められた監査基準の意義と範囲』（AIA［1954］）において「一般基準」の1つとして明示され，その後，監査基準書第82号（ASB［1997］）が，以下のような形で「職業的懐疑心」に言及するまで，無修正のまま引き継がれた。

Professional Skepticism

07. Due professional care requires the auditor to exercise ***professional skepticism***. Professional skepticism is an attitude that includes a questioning mind and a critical assessment of audit evidence. The auditor uses the knowledge, skill, and ability called for by the profession of public accounting to diligently perform, in good faith and with integrity, the gathering and objective evolution of evidence.

08. Gathering and objectively evaluating audit evidence requires the auditor to consider the competence and sufficiency of the evidence. Since evidence is gathered and evaluated throughout the audit, professional skepticism should be exercised throughout the audit process.

09. The auditor neither assumes that management is dishonest nor assumes unquestioned honesty. In exercising professional skepticism, the auditor should not be satisfied with less than persuasive evidence because of a belief that management is honest.

　一方，わが国の場合には，「職業的専門家としての正当な注意」を規定した基準は，証券取引法監査の全面実施に伴い，大蔵省企業会計審議会が昭和31（1956）年12月25日に公表した『監査基準』（中間報告）において明示され，平成14年（2002）1月25日の『監査基準』の改訂直後まで，そのまま引き継

がれてきた。企業会計審議会は，前文『監査基準の改訂について』（平成14年1月25日）において，職業的懐疑心なる用語を追加する意味を次のように説明した（強調追加）。

　（3）　職業的懐疑心
　監査人としての責任の遂行の基本は，職業的専門家としての正当な注意を払うことにある。その中で，監査という業務の性格上，**監査計画の策定から，その実施，監査証拠の評価，意見の形成に至るまで**，財務諸表に重要な虚偽の表示が存在する虞に常に注意を払うことを求めるとの観点から，**職業的懐疑心を保持すべき**ことを特に強調した。

　『監査基準』の「一般基準」は，職業的懐疑心に関し，「3　監査人は，職業的専門家としての正当な注意を払い，**懐疑心を保持して**監査を行わなければならない。」と規定し，さらに「実施基準」の「基本原則」において，以下のような規制（強調追加）を行った。

　4　監査人は，**職業的専門家としての懐疑心をもって，不正及び誤謬により財務諸表に重要な虚偽の表示がもたらされる可能性に関して評価を行い**，その結果を監査計画に反映し，これに基づき監査を実施しなければならない。

　アメリカの監査基準書であれ，わが国の『監査基準』であれ，audit skepticism は「疑う」という監査人の心の状態——職業的懐疑心——として理解されている。Audit skepticism を捉える視点はそれだけなのであろうか。

第3章

財務諸表監査上の懐疑に関連する基礎概念

　監査の失敗（audit failure），監査の質（audit quality），そして監査上の懐疑は，相互に深く関係している。監査の失敗があったことは，監査人が実施した監査の質に欠陥があったこと，不十分なところがあったことを意味している。また，監査の質に問題があったことは，本質的には，（1）監査人の独立性（精神的独立性）が欠如していたこと（十分ではなかったこと），（2）職業的専門家としての正当な注意が欠けていたこと，あるいは職業的懐疑心が十分でなかったこと——換言すれば，疑い不足があったこと——を意味している。そして，SECが最近特に重視しているのが，監査人側の「疑い不足」の問題である。本章では，監査の失敗と監査の質なる概念を考察することにする。

3.1　監　査　の　失　敗

　監査の失敗という用語が，内外の学術論文やマスコミ報道でも頻繁に言及されている（Afterman［1995］p.31; Wooten［2003］p.48; Francis［2004］p.346; Knechel et al.［2013］pp.385-386, p.407; Peecher and Solomon［2014］；鳥羽他［2015］p.162）[1]。

　監査の失敗を「監査という機能が十分に働かず結果として無限定適正意見の表明を許してしまった状況」と広義に定義する立場もあれば（鳥羽他［2015］p.162），「監査人が一般に認められた監査基準に準拠せず，誤った意見を表明してしまう状況」と，監査基準をそこに介在させることにより，多少狭めて理解する立場もある（Arens et al.［2003］p.109）。さらに，「重要な虚偽表示」を追

1　「監査の失敗」概念の多義性・曖昧さについて，要領よく纏められている文献としては，亀岡［2016］がある。

加し，監査の失敗の意味内容をさらに絞るべきであるとする主張（Peecher and Solomon [2014]）もある。これに対して，裁判にかかわった当事者の意識として，当該監査人の法的責任（敗訴）が裁判によって確定した場合に限って使用されるべきであり，監査の失敗という用語を軽々しく使用するべきではないとする，最も狭義な捉え方もないわけではない（伊藤 [2010] pp.210-212）。以上のいずれの理解の根底には，監査の失敗は監査の主題である財務諸表との関係において，とりわけ監査意見に関係づけられるべきである，という共通点がある。

監査の失敗とは，監査人が法的責任を追及され敗訴した事案に限らない。金融庁による行政処分（業務改善命令・課徴金納付命令など）の対象となった事案のほか，新聞などで報道された事案も含む。監査人が意図的に虚偽証明をした場合はもちろんのこと，財務諸表の重要な虚偽表示に気づかず，結果として無限定適正意見を表明した場合も含め，ここでは広義に「監査の失敗」と捉えている。

監査の失敗を，監査契約当事者である経営者が観念することも可能である。監査契約の当事者である企業（経営者）の立場からすれば，監査プロフェッショナルが実施した監査の質に問題があり——具体的には，監査基準に準拠した監査が実施されなかったことにより——，被監査会社が何らかの経済的損害を受けた場合は，契約当事者の自然な気持ちとして，当該財務諸表監査は監査の失敗であった，と感じるであろう。換言すれば，監査契約違反——実質的には，監査基準違反——は，契約当事者からみれば監査の失敗である。この考え方に従えば，経営者による財産不正であろうと，従業員による財産不正であろうと，さらには財務諸表に対する虚偽証明であろうと，そこにおいてなされた監査が監査基準に準拠して行われなかった場合には「監査の失敗」であり，したがって相当の（会社側の過失相殺を認定した後の）法的責任を負うべきである，という主張となる。監査プロフェッショナルに対する被監査会社による訴訟（ナナボシ監査訴訟 [大阪地方裁判所　平成16年（ワ）第4762号　損害賠償請求事件判決　平成20年4月18日]）は，監査の失敗に対するこのような理解が背景にあると思われる。

監査の失敗について，確立された定義が示されているわけではない。結論的にいえば，監査の失敗と称せられる状況を捉える立場によって異なる，といっ

第3章　財務諸表監査上の懐疑に関連する基礎概念　41

てよいであろう。それは，誰が，いかなる監査の状況をもって，当該監査が失敗していると考えるか，という判断の違いに起因する。もう少し敷衍すると，

(1) 監査人が敗訴の場合

(2) 訴訟が起こった場合

(3) 訴訟／判決などの法的事象にはとらわれず，監査人が財務諸表の重要な虚偽表示を看過し無限定監査意見を表明した場合

(4) 財務諸表の重要な虚偽表示の有無にかかわらず，監査認識プロセスにおいて監査基準に準拠しない監査実務がなされていた場合

のいずれに，監査の失敗を強く意識するかという問題である。最も狭義な理解は（1），そして最も広義な理解は（4）であろう。

　監査の失敗という用語は，耳にしてけっして穏やかな用語ではない。その言葉で特定の監査実務を総括してしまうと，結果として，当事者（監査人）に対する法的責任の追及を引き起こしかねない。そうした響きも，この用語は有している。そのため，「監査の失敗」の意味は，もっと絞った形で使用されるべきであるという主張には頷ける部分もある。本書が「監査の失敗」あるいは「失敗」という用語をあえて使用するのは，問題となった監査をやり玉にあげること，あるいは当該監査に関与した監査人の帰責をことさら強調するところにあるのではなく，同様な監査の失敗を繰り返さないために，当該監査において問題があった，あるいは反省すべきところを，今後の監査の質を高めるために，むしろ反対にそれを強調するためのレトリックと考えるからである。

　ある監査事案について訴訟がなされ，それに対する司法の最終判断が原告（投資家あるいは被監査会社）勝訴であった場合には，そこにおいて監査の失敗を認識することは容易であろう。では，被告（監査人）が勝訴の場合はどうであうか。その場合には，勝訴という法的事実が最大限強調され，被告が財務諸表の重要な虚偽表示を検出できなかったという事実自体は，結果として，希薄化する。しかし仮に勝訴であっても，反省すべきところがまったくないわけではないであろう。監査は監査資源の制約のもとで，ある一定期間内に財務諸表についての結論を出さなければならない。したがって，いかに誠実に丁寧に監査を遂行していたとしても，やはり完璧（完全）ということはありえない。また訴訟は，原告が訴因として取り上げたある特定の法的事実を巡っての争いであ

り，財務諸表監査の質全体についての判断を争うものではない。訴因として認識されなかったが，不十分であったとされる監査手続がやはりあるはずである。不十分であったとされる監査手続を監査の失敗として受け止め，それをその後の監査実務の改善や見直しに結びつけることが肝要であり，これこそが監査プロフェッショナルが行うべき省察であろう。

　たとえば，特定の監査事案が訴因にならなかった場合でも，監査の失敗と認識すべき状況は生じうる。たとえば，法の執行にあたる行政当局（わが国の場合には金融庁，アメリカの場合にはSEC）による行政処分の対象となった監査は，現実に実施された監査の質に不十分なところがあり，その結果，財務諸表の重要な虚偽表示があったにもかかわらず，その検出に至らなかった状況である。そのような状況も監査の失敗といえるであろう。わが国の場合には，業務改善命令や課徴金支払命令の場合がこれにあたる。

　さらに，財務諸表の重要な虚偽表示の有無に関係なく，監査規範（監査基準）から離脱した監査がなされたことが行政当局（金融庁），公開会社会計監視委員会（Public Company Accounting Oversight Board: PCAOB），あるいは日本公認会計士協会による品質管理レビューによって指摘された場合には，それを監査の失敗として受け止め省察するのが，監査プロフェッショナルとしての姿勢であろう。また，監査法人の内部監査部門が「ひやり」と感じるような不適切な監査実践を検出した場合にも，同様に，監査の失敗として受け止めるべきである。

　監査の失敗として受け止める監査の状況や結果は，当該監査の失敗にかかわった監査人や監査スタッフの帰責の議論とは離れて，可能な限り広く捉え，監査の質の向上に向けて必要な措置に反映されるべきである。なぜこのように監査の失敗に対する広い捉え方が必要なのであろうか。監査用役（audit service: 財務諸表の信頼性の保証）の享受者が，財務諸表利用者（投資者）であることを考えれば，監査の失敗を捉える視点は，まず公益（投資者の利益）におくべきであるからである。

　監査の失敗と称せられる状況は，被監査会社（経営者）との関係においても生じうる。財務諸表の虚偽表示の問題ではないが，被監査会社において経営者あるいは従業員による巨額な財産不正が発生した場合，監査人が監査基準に準

第3章　財務諸表監査上の懐疑に関連する基礎概念　43

拠していない粗末な監査を実施していなかったために，当該不正が看過されていた可能性が極めて大きい場合，被監査会社はそこに当該監査の失敗を感じ取るであろう。

さらに，監査の失敗は，対被監査会社のコーポレート・ガバナンスとの関係においても生じうる。被監査会社側における重要な法令および定款違反を検出していながら，コーポレート・ガバナンス（監査役会／監査役等）に報告せず，結果として，被監査会社が重大な問題を抱えることになった場合には，被監査会社はそこに当該監査の失敗を感じ取るであろう。

このように**監査の失敗は，財務諸表監査の枠組みにおいて監査人が当然遂行するものと，監査関係者──財務諸表利用者，被監査会社の経営者とコーポレート・ガバナンス構成者，監督官庁──が想定している機能または職務が遂行されなかった監査の状況を総称する概念として広く理解すべきである。**財務諸表監査の主たる目的は，投資家（財務諸表利用者）に財務諸表の信頼性を保証することにあることを最大限に重視すれば，監査の失敗という概念を理解するに際しては，基本的には投資家（財務諸表利用者）の立場（＝公益）が優先されるべきであろう[2]。監査の失敗をこのように最大限広く理解することによって，財務諸表利用者の利益のみならず，監査契約者（被監査会社）の利益，そして最終的には監査プロフェッショナル自身の利益にもなると考えられる。重要なことは，この概念自体は，当該財務諸表監査に従事した監査プロフェッショナル（監査責任者・監査スタッフ）の帰責の議論からは切り離し，可能な限り広く捉え，監査の質の改善に向けての監査実務に反映されるように使われるべきある，という点である。

2　「基本的には」とあえて述べたのは，当該監査の内実を分析した結果によっては，財務諸表監査のもとで，監査人が受けたさまざまな制約を考慮すれば，第三者（とりわけ銀行）を巻き込んだ組織的な不正による財務諸表の虚偽表示を検出することはほとんど不可能に近く，したがって，学術的には，当該監査において監査人が遭遇した監査の状況は**監査の限界**として正しく説明しなければならない場合も当然あり得る。その意味において，当該監査において監査人は，どのような監査状況に直面していたのか，それに対してどのような監査手続を実際に行っていたのか，さらには，財務諸表に対してどの程度職業的懐疑心を働かせていたのかなど，監査人側で行われていた監査の内実が，まずもって明らかにされる必要がある。監査の限界を明らかにするため，特定の監査の失敗の内実が丁寧に分析され，公開される必要がある。

3.1.1 監査の失敗を引き起こす原因

　わが国では，社会的に影響の大きな会計不正が起こっても，その状況や内実が監督官庁（金融庁）や監査プロフェッション（日本公認会計士協会）から十分に明らかにされることはない。とりわけ，監査人を取り巻く状況がどのような状況であったのか，なぜ監査人は会計不正に辿りつくことができなかったのか，いかなる監査判断のミスが監査の失敗に繋がったのかなど，今後の監査の失敗を防ぐ意味で非常に重要な監査の実態を示す情報が，あまりにも秘されているように思われる。監査プロフェッションと監査プロフェッショナル全体にとって，教訓や省察の材料となるべき監査の実態が，公式な形で十分に伝えられることがないことは，わが国における財務諸表監査の発展にとって，本当に不幸なことである[3]。

　監査基準の改訂がなされ，監査人がそれを受けて監査の質の改善に努力しても，また監査プロフェッショナルが経験した監査の失敗を奇貨として，いかにその後の監査手続の強化に努めても，監査人が粉飾決算や巨額な財産不正を検出したという「監査の成功」を耳にすることはほとんどない。社会の人々に伝えられることは，いつも監査の失敗についてである。

　もとより，監査の失敗をめぐる状況は，その時々の個々の状況によって異なる。しかし，監査人が財務諸表の重要な虚偽表示を看過し，あるいは巨額な財産不正を検出できなかったことは，結果的には，経営者に騙されたことになる。

---

[3]　行政処分の対象となった監査プロフェッショナルの監査の失敗について，金融庁の情報公開は，従来と比べると，相当改善されてきている——この方向はさらに推し進めていただきたい——。しかし，依然として不十分である。監査の失敗についての記述は，監査プロフェッショナルに対する処分を正当化するうえで，必要な範囲にとどめられており，今後の監査の質の向上にとっての核心部分——「いかなる監査状況のもとで，監査人がどのような判断を行ったことが監査の失敗に結びついたのか」——が，明らかにされていないからである。

　建前（公認会計士法第34条1項）としては，金融庁が行政処分に関連して実施した検査内容・結果などは，所定の手続きを踏めば，その謄本を入手することは可能である。しかし実際は，監査法人と被監査会社の部分を除いて，ほとんどが黒塗りであり，利用できる状態ではない。日本公認会計士協会については，守秘義務を理由として，（たとえば，監査業務審査会が）何をどう判断したのか，まったくわからない。これがわが国の現状である。

なぜ監査プロフェッショナルは，監査に関する職業的専門家でありながら，経営者にたびたび騙されるのであろうか。

　監査の失敗は，基本的には，2つの系列を通じて生ずる。第1の系列は，監査人が職業的専門家としての独立性（判断の独立性・精神的独立性）を失い，不正な財務報告であることを黙認する場合，あるいは不正な財務報告のスキーム作りに監査人が積極的に関与する場合である。いずれにしても，監査人は当該不正な財務報告の事実を承知していたわけであり，**故意による虚偽の監査証明**[4]である。しかし，公認会計士が注意しなければならない監査の失敗は，これだけではない。それが監査判断に起因した監査の失敗である。少し文献が古いが，たとえば Brown and Calderon [1993]，[1996] によれば，監査の失敗事例に占める精神的独立性の欠如の事例の割合は減少し[5]，反対に次に取り上げる監査人の判断ミス，監査人の疑い不足（職業的懐疑心の欠如・不足），経営者に対する過度の信頼（経営者の陳述を鵜呑みにする傾向）など，監査判断の質や監査人の監査姿勢に起因することを示す事例が増加していることが指摘されている。

　第2の系列は，監査人が職業的専門家として正当な注意を行使せず，あるいは監査人が行使した職業的専門家としての注意が不十分なため，結果として，不正な財務報告に気づかず無限定適正意見を表明してしまう場合である。この場合には，監査人は不正な財務報告の存在には気づかないまま監査証明をしてしまったわけであり，法律論としては，基本的には**過失による虚偽の監査証明**がこれに当たる。監査人が粉飾決算の事実に気づかず，無限定適正意見を通じて，当該財務諸表の信頼性を保証しているだけに，事態は深刻である。

　監査の失敗の多くは，監査判断が当該監査状況のもとで適切に行われなかっ

4　故意による虚偽の監査証明は，2000年以降の公認会計士監査においても繰り返されている。流通市場におけるフットワークエキスプレス（2002），キャッツ（2004），カネボウ（2005），プロデュース（2008），そして非上場会社であるが三田工業（1998）などが，その例である。また，発行市場における不正な財務報告事例（エフオーアイ：2010）も，この系列に入る可能性が大きい。

5　もっともこの指摘は，精神的独立性をどのように規定するかという本質的な問題にも関係している。亀岡［2016］によれば，精神的独立性は必ずしも「故意」にだけ関係しているとは限らないこと，換言すれば，精神的独立性概念の再解明の必要性が指摘されている。

たことに起因している。不適切あるいは不十分な監査判断が誤った監査人の意思決定を生み，それが結果として，財務諸表について誤った監査意見の表明をもたらしているのである。監査は，経済的制約，時間的制約，証拠の入手可能性の制約（証拠の範囲と量），監査人の個人的特性に起因する制約など，さまざまな制約のもとで行われる。これらの制約が監査人の認識活動に直接的に，そして間接的に影響を与えているが，仮に上記の制約がなくなったとしても，監査の失敗は起こりうる。それは，監査人が誤った（不適切な）監査判断をしてしまう可能性は常に残るからである。

　監査判断のミスは，何よりも，問題を含んだ事項（取引や項目など）が，監査人の認識対象から初めから漏れていたこと（サンプリング・リスク）から生じる[6]。特定の取引や項目が監査人の認識対象から外れていたために，結果として，監査人が財務諸表について誤った意見を表明してしまう可能性をと称している。しかし，たとえば会計連続通牒（ASR）において取り上げられた公認会計士処分事案を見ても，監査人が不正な財務報告の糸口にさえ辿りつけなかったという場合は極めて稀であり，ほとんどの場合，監査手続を通じて入手した証拠のなかに，不正な財務報告の糸口（不自然さ）は捕えられていた[7]。事実，多くの監査の失敗事案は，監査人が入手した監査証拠に財務諸表の重要な虚偽表示に繋がる糸口が含まれていたにもかかわらず，

①　監査人がそれに気づかず，そのまま看過したため，

②　その糸口はつかんでいたが，経営者などの説明を鵜呑みにし，深度ある

6　監査の失敗の原因は，不正な財務報告に関係する重要な経済事象（取引や口座残高）が監査人の当初の認識対象範囲から外れていた，という監査対象の抽出上の問題（サンプリング・リスク）に関係している。監査プロフェッショナルは，監査リスク・アプローチのもとで，重要な虚偽表示リスクの高い財務諸表項目に狙いを定め，そのような監査判断の失敗が起こらないように努めている。しかし，企業取引が量的に増大し，さらに質的にますます複雑になっていることを考えると，財務諸表監査が試査を原則としている限り，このリスクから監査人が完全に逃れることはできない。しかし，監査プロフェッショナルにおいて最近注目され開発が進んでいる IT を利用した Data Analytics は全取引の検査を可能とするものであり，その意味でサンプリング・リスクを引き下げるのに役立つであろう。

7　ナナボシ粉飾決算事案は，粉飾決算の糸口を捕まえていながら，また，粉飾決算の可能性を示唆するような状況がさまざまな形で現れていたにもかかわらず，監査判断（職業的懐疑心）が不十分であったことから，監査人がそれに気づくことが遅れた好例である（鳥羽［2010a］）。

監査手続を追加しなかったため，

③　監査調書にその糸口は記されていたが，それをそのまま放置してしまっ
たため，

その背後に隠されている「重要な虚偽表示」にまで辿りつかなかったことを示
している。監査の失敗の多くは，サンプリング・リスクではなく，**非サンプリ
ング**と呼ばれる領域で起こっている，との実務家の指摘もある（Defliese et al.
[1984] p.248)。この指摘は，Beasley et al.［2001]（pp.63-66）が行った監査人
に対する SEC の行政処分（1987-1997）の状況の調査結果においても裏づけら
れている。

　監査の失敗の原因の多くは，以上の調査結果でも明らかなように，誤ったあ
るいは不適切な監査判断がなされたことに関連している。監査プロフェッショ
ンが「職業的専門家としての懐疑心」に関心をもち始めたのは，監査人の注意
の標準を規定した従来の「職業的専門家としての正当な注意」だけを強調する
だけでは，監査判断に起因した監査の失敗を防ぐことが難しくなりつつあるこ
とを認識し始めたからであろう。たとえ経営者に嫌がれようと，監査人が疑う
心を強めなければならないのは，意図的な粉飾決算が絶えず，また，膨大な取
引の IT 処理化や取引の複雑化という背景のほかに，経営者が監査人の行う監
査認識（監査手続）の弱点・盲点・限界などを巧に突いた不正取引のスキーム
――たとえば，最近のわが国において問題となっている循環取引[8]――を作り
上げるからである。

　たとえば，SEC 主任会計官であった Diacon［1996]（p.24）は，監査の失敗

8　循環取引とは，経営者が売上高を増やすため，事前に取引先に協力を求めたうえで，在
庫を一切動かさない状態のままで販売取引を起こし，書類のうえで当該取引を通常の販売
取引として完全に仮装し売上高を計上する不正取引をいう。循環取引を成功させるには，
取引先の事前の協力のほかに，協力費を含む資金の手当てが不可欠である。それゆえ，資
金の手当てが続く限り循環取引は続き，したがって，会計上の不正額（とりわけ在庫額）
が次第に累積していくこととなる。仮装取引に関与する第三者企業は複数の場合（加ト吉）
もあり，また，この取引にリース取引を関係させた場合（ニイウスコー）もある。また，
当初は循環取引を意図したものではないが，取引先に販売した製品（原糸）が最終的には
織物の形で戻り在庫化した，という場合（カネボウ）もある。循環取引が採る態様はさま
ざまであり，またその発覚を防ぐため，数多くの取引先を巻き込む場合もある。なお，循
環取引の実態は，井端［2008]において詳細に紹介されている。

48

を引き起こした主たる原因の 1 つは職業的懐疑心の欠如であった，と指摘している。さらに，PCAOB は，Sarbanes-Oxley Act of 2002 法制定後初めて 8 大会計事務所の監査業務を過去 4 年間（2004-2007）にわたって検査し，その検査結果を公表した。PCAOB は，その検査報告書において，検出された監査業務の欠陥は，監査手続の実施段階と試査範囲の決定段階における職業的懐疑心の欠如に，部分的に原因があったことを明らかにした（PCAOB［2008］p.2）。

①　行政処分の対象となった事案の 80% は，十分な監査証拠を入手していなかったこと。とりわけ，資産評価と資産の所有（実在性）や経営者の陳述を裏づける十分な監査証拠を入手していなかったこと。最終契約書ではなく，契約書案（仮契約書）で済ませていたこと。そして，監査計画に予定されている監査手続の手順通りに，監査が実施されていなかったこと。

②　処分事案の 71% は，職業的専門家としての正当な注意の欠如によるものであったこと。とりわけ，その 60% は職業的懐疑心の欠如に起因していたこと。

③　およそ半分の処分事案では，監査人が一般に認められた会計基準（GAAP pronouncements）を適用しなかったこと，あるいは適切に適用しなかったこと，適切な監査計画が策定されていなかったこと。とりわけ，固有リスクが監査計画に適切に反映されていなかったこと，非通常的な取引に伴う高いリスクが認識されていなかったこと，過年度の監査計画がそのまま踏襲されていたことなどが原因とされている。

④　処分事案の 40% では，質問に対する回答に過度な信頼を寄せていたこと。経営者の陳述が監査人の入手していた証拠と矛盾しているにもかかわらず，それを裏づけようとしていなかったこと。36% の事案では，重要な見積りであるにもかかわらず，十分な監査証拠を得ず評価していたこと，とりわけ見積りの基礎にある経営者の仮定や見積りの方法に対して，疑問を投げかける姿勢が欠けていたこと。

⑤　事案の 29% において，売掛金の監査手続が不十分であったこと，十分な売掛金口座について確認を行っていないこと，確認回答書が得られなかった場合，あるいは確認金額との間に重要な離離があるにもかかわらず，必要な代替的な手続を実施していなかったこと，回答内容を FAX で確認することを怠ったり，確認依頼状の発送を被監査会社に依頼したりなど，確認手続そのものに瑕疵があったこと。

⑥　事案の 27% では，関連当事者間取引を監査人が識別できていなかったこと。

⑦　内部統制に過度に信頼をおいていたこと。検出された統制上の欠陥に対する対応を怠っていたこと。

　現実に起こった最近の監査の失敗事案のなかには，被監査会社による粉飾決算が新聞などで報道されて初めて，財務諸表の重要な虚偽表示が，監査人の認識プロセスのなかで素通りしていたことが明らかになった場合もある。複数年度にわたって監査認識プロセスのなかで見過ごされていたという，当事者である監査人でなくとも，なんともやりきれない状況である。単なる職業的懐疑心不足では済まされないような，もっと本質的な問題があるように思われる。

3.2　監　査　の　質

　監査の質という用語が監査文献において頻繁に使われるようになっている。しかし，その概念内容は「監査の失敗」と同様，必ずしも明確ではない[9]。監査用役を提供する監査人の立場から捉える監査の質と，監査用役を利用する財務諸表利用者（社会）がイメージする監査の質とは完全に符合しない。さらに，被監査会社も，監査プロフェッショナルが提供する監査の質に関心があるはずである。ここでは，監査の質を社会の人々（財務諸表を利用する投資家）の視点から捉えることとし，暫定的に「監査の有効性」[10]とほぼ同義に理解することにする。しかし，何をもって当該財務諸表監査が有効であった——あるいは反対に，有効でなかった——とするかは，基本的には，監査人が社会的に負っている基本的役割（財務諸表の信頼性の保証）に照らして考えるべきである。

9　本書をまとめる最終段階おいて，監査の質に焦点を絞った精力的な研究書（仙場［2016］）が上梓された。監査の質を取り扱った内外の論文などを徹底的に渉猟し，かつ，網羅的に扱っている。「監査の質とは？どう評価・測定するのか？」という正に核心を突いた問題意識に基礎をおいているが，多少視野が拡散しているのが読後感である。監査の質を正面から取り上げた，おそらく世界の監査研究分野でのpioneering workであろう。出版時期との関係で残念であるが，本書には，この研究書の成果は反映されていない。
10　監査の質を「監査の有効性」と捉えることは，あながち誤りではない。The Panel on Audit Effectiveness（POB［2000］）は，監査の有効性を中核においた研究報告書を公表した。

50

　財務諸表監査が有効に機能していた場合[11]とは，財務諸表に重要な虚偽表示が含まれている場合において，

① 監査人が「一般に公正妥当と認められる監査の基準」（以下，「監査基準」という）の枠組みのもとで実施された監査手続を通じて，当該重要な虚偽表示が検出され，かつ，財務諸表が訂正された場合（無限定適正意見），あるいは財務諸表の訂正がなされなかった場合においても，それが他の監査意見（限定意見または不適正意見）を通じて適正に反映されていること。

② 経営者による巨額な財産不正が行われた場合において，監査人が監査基準の枠組みのもとで実施された監査手続を通じて，当該不正が検出され，かつ，その事実が当該会社のコーポレート・ガバナンス（監査役会等）に報告されたこと。

③ 従業員による巨額な財産不正が行われた場合において，監査人が監査基準の枠組みのもとで実施された監査手続を通じて，当該不正が検出され，かつ，その事実が当該会社の経営者に報告された場合。

④ 取締役の職務の執行に関し不正の行為または法令若しくは定款に違反する行為が行われた場合において，監査人が監査基準の枠組みのもとで実施された監査手続を通じて，当該不正または違法行為が検出され，かつ，その事実が当該会社のコーポレート・ガバナンス（監査役会等）に報告（会社法第397条第1項・第3項）または金融庁に通知（金融商品取引法第193条の3）されたこと。

　上記のいずれの理解の根底には，監査の質は，一般に公正妥当と認められる監査の基準に準拠した監査が実施されていることによって担保される，とする

11　財務諸表監査が有効に機能した場合とは，①経営者側において，経営者が適正な財務報告に対する社会的責任とその重要性を十分に認識し，適切に機能する内部統制による支援のもとに，一般に公正妥当と認められる企業会計の基準に準拠した財務諸表を作成していること，そして②監査プロフェッショナルが誠実に監査基準に準拠した監査を実施し，その結果，当該財務諸表の適正表示を保証する場合である。この状況は，財務諸表制度が当初より想定しており，したがって，この状況が達成されている限り，「監査の質」という用語自体，大きな問題とはならない。この用語が取り上げられるのは，当該監査が適切に行われず，その影響が社会的に無視できず，監査の質をそのまま放置できないと判断された場合である。

理解がある。すなわち，財務諸表監査の有効性は監査基準の遵守によって担保されることになるので，監査基準に準拠していない監査が行われた場合には，直ちに，当該監査は有効ではなかった，ということになる。PCAOB が模索する立場は，監査基準に準拠しているか否かによって，財務諸表監査が公共政策的な意味において有効であるかどうかを事前的に決定している，と理解することができる。もとより，この立場は，財務諸表の適正表示に問題があったかどうかに関係なく適用されるため，一部の監査研究者（Peecher and Solomon [2014]）は，監査の主題である財務諸表に重要な虚偽表示があったことを加えるべきであることを主張する。しかし，監査の有効性に財務諸表の重要な虚偽表示を関係づける立場は，アメリカにおいては SEC であろう。SEC は，監査の有効性を事後的に――特定の財務諸表に重要な虚偽表示があったことを事実認定したうえで――決定していると考えられる。監査の有効性――したがって，「監査の失敗」の捉え方にも影響を与えることになるが――をめぐって，規制当局の理解もけっして一枚岩ではない。

　しかしながら，監査基準に準拠していたにもかかわらず，①－④に示す各事実の検出に至らなかった場合には，当該事実の検出が財務諸表監査における監査人の基本的役割（財務諸表の信頼性の保証）と直接関係するかどうかによって，監査の有効性の意味は異なる。監査基準に準拠していたことが明らかであれば（あるいは，少なくとも監査基準に違反していないことが明らかであれば），①に関して監査人の法的責任が問われることは基本的にはないであろう[12]。万一法的責任が問われることになれば，監査人の責任は過失責任の枠組みを飛び超え，無過失責任の域に向かってしまうからである。

　監査が監査基準に準拠していたにもかかわらず，財務諸表の重要な虚偽表示が検出されなかった場合には，前述した「監査の失敗」ではなく「監査基準の

12　断定はできないが，著者がこれまでに調べた監査文献による限り，監査基準に準拠した監査であったにもかかわらず，監査人の法的責任が問われた事例はなかった。ただ，一般に公正妥当と認められた会計原則に準拠した監査意見（無限定適正意見）の表明であったにもかかわらず，それが監査訴訟の場において認められなかった事例は存在する。アメリカにおける Continental Vending Machine 社事件（United States *v.* Simon（425F. 2d 796）[1969]），イギリスにおける Argyll Foods 社事件（Ashton, R. K. [1986]），カナダにおける Chigbo [1998] である。

失敗」が大きく関係しているかもしれない。あるいは，事態はさらに複雑化するが，監査基準の失敗ではなく「会計基準の失敗」が原因であるかもしれない（関連当事者間取引［related party transaction］に関する会計基準が設定されていない状況のもとで起こった Continental Vending Machine 社事件）。

しかしながら，財務諸表の重要な虚偽表示が社会に与えた影響が極めて重大な場合には，「検出されなかった」という事実自体が，監査人に対して職業的専門家としての何らかの反省を求めることになるかもしれない。たとえば，オリンパス事件におけるあずさ監査法人や新日本監査法人に対する業務改善命令はこれに属する，と理解できるかもしれない。と同時に，監査基準に少なくとも違反していないことが認められた状況のもとで，規制当局が，業務改善命令という形であれ，行政処分を課したことに対しては[13]，監査プロフェッショナル側には割り切れない部分が残るかもしれない。

その一方で，監査基準における規制そのものに弱点や不十分さがあった可能性が認識される場合には，監査手続のさらなる強化や監査実務上での改善を求める対応が監査基準の改訂という形で行われることになる。企業会計審議会による『不正対応基準』の新たな設定は，そのような文脈のもとに理解するのが至当であろう。

前述の②から④については，それらが財務諸表監査の基本的役割ではないところから，監査人にとって反省の材料にはなるであろうが，監査基準の改訂には至らないであろう。以上の状況とは反対に，監査人が「監査の基準」に準拠

13　この問題の根底には，非常に微妙な部分があることを認識しておく必要がある。当該両監査法人には「監査基準」に違反していなかったとの事実認定が行われていたとしても，そこにいう監査基準を金融庁（企業会計審機会）が公表した『監査基準』を強く意識するか，それとも日本公認会計士協会（監査基準委員会）が公表した『監査基準委員会報告書』を強く意識するかによって，「監査基準」に準拠していた（準拠していなかった）の解釈も異なるからである。うがった見方をすると，当局はやはり，そしてあえて『監査基準』の規制内容に照らして判断していたのではなかろうか。財務諸表監査がその本来の目的を果たしている場合には，監査報告書に言及されている「一般に公正妥当と認められる監査の基準」の実質をどのように理解しても，さして大きな問題にはならないが，監査人の責任を云々しなければならない状況になると，この問題は非常に大きな意味を監査関係者に投げかけることになる。監査報告書に記載される「一般に公正妥当と認められる監査の基準」が抱える『監査基準』と『監査基準委員会報告書』との間の問題が，今回のオリンパス不正会計事件をきっかけに表面化したと考えるのは下衆の勘ぐりであろうか。

していなかった場合には，当該監査は，①に関連して，財務諸表利用者にとって有効ではなかったこと，したがって，第三者に対する監査人の法的責任が直ちに生じうること，また，規制当局との関連においては担当監査人（監査法人）に対する業務改善命令と担当監査人（個人）に対する業務停止命令などが生ずる。②・③に関連して，被監査会社（執行機関の立場）から債務不履行を訴因として損害賠償責任の可能性が生ずる。そして④に関連して，被監査会社（監督機関または監査機関の立場）から不法行為を訴因として損害賠償責任を監査人に求める可能性が生ずること，あるいは監督官庁から行政処分の対象（業務改善命令）となる可能性が生ずる。監査の質の問題は，監査人の法的責任の問題に直ちに連動するわけではないことに注意する必要がある。この点は「監査の失敗」を取り上げる場合も同様である。

第4章

監査上の懐疑の二重構造──認識方法と懐疑心

　監査研究者（Bell et al. [2005]；Nelson [2009]；Hurtt [2010]）の間で広く認識されていることであるが，財務諸表監査における professional skepticism について有効な定義が確立していない。ここで著者のいう「有効な」とは，監査人の professional skepticism について合理的な測定を可能とする，という意味である。そもそも professional skepticism について，「懐疑心」という訳語を当てるべきであるのか，それも「懐疑主義」という訳語を当てるべきであるのか。いずれも認められる訳語であるが，それぞれが監査研究に示唆するところは同じではない。Skepticism の内容をどのように理解すべきかという問題は，一部の研究（鳥羽 [2010b]，[2011]，[2013]；Toba [2011]）を除いて，ほとんど議論されたことはなかったように思われる。もし懐疑心と捉えれば，監査上の懐疑は「どの程度深く疑うか」を内容とし，それゆえ監査研究は心理学を中心として行われることとなる。実際，この分野の監査研究はその方向を強めている。反対に，懐疑主義と捉えれば，監査人は「いかに世界（財務諸表の状況）を知るのか，また知ることができるのか」という領域（科学哲学，知識の理論，さらには言語学）にも関係するようになる。

　本書の書名を『ノート　財務諸表監査における懐疑』としているのは，それ以外の訳語を与えると，結果として，この領域の研究の方向が a priori に決定されてしまうためである。「懐疑」が有するこうした二重構造（dual structure）を反映した監査上の懐疑の定義はないものであろうか。著者は，「監査上の懐疑」を学問的に解く鍵は，この問いに答えることのできる概念的な枠組みを提示することではないか，と考えている。著者の監査上の懐疑研究の原点である。

　さらに留意すべきことは，監査上の懐疑は，監査人個人の問題（性格・専門知識・実務経験・教育）であると同時に，監査法人組織の問題（上司の監査に

56

図表 4-1　audit skepticism に影響を与える諸要因とその類型化

Categories	factors	Related literature
Personal	Traits	Hurtt 1999, 2010; Bazerman et.al. 2002; Wooten 2003; Nelson 2009; Quadackers 2009
	Knowledge	Nelson 2009; Quadackers 2009; Plumlee et al. 2011; Grenier 2013
	Incentives	Nelson 2009; Quadackers 2009
	Audit experience (practice/ feedback with fraud)	Messier 1983; Abdolmohammadi and Wright 1987; Moeckel 1990; Choo and Trotman 1991; Choo 1996; Carpenter et al. 2002 ; Payne and Ramsay 2005; Nelson 2009; Quadackers 2009
	Group affiliation	Joe and Vandervelde 2007
	Cultural backgrounds	Endrawes and Monroe 2012
Organizational	Career levels	Shaub and Lawrence 1999
	Justifiee (supervisor) preferences	Peecher 1996
	Accountability to superiors	Endrawes and Monroe 2012
	Audit firm rotation	Nagy 2005
	Long partner tenure	Bedard and Johnstone 2010
	Evaluation of auditors' performance (client-getting ability)	Cohen and Trompeter 1998
	Audit quality control	Hermanson et al. 2007; Hermanson and Houston 2008
	Engagement quality review	Messier, Jr. et al. 2010
	Reliance on standard audit procedures	McKnight and Wright 2011
	Timing of strategic analysis application	O'Donnell and Schultz 2003; Ballou et al. 2004
	Assessment of the material misstatement risk in a financial statement account	Phillips 1999
	Prior working paper reliance	Tipgos 1978; Wright 1988
	Culture, including reward system	Beasley et al. 2000; Francis 2004
	Auditors (engagement, concurrent and audit team) rotation	Francis 2004; Bowlin et al. 2013
	The tone at the top (partners' emphasis on professional skepticism)	SAS No.99 2002; Carpenter and Reimers 2011
	Time (budget) pressures	Landsittel 2000
Contractual	Trust in management	Shaub 2004; Rennie et al. 2010
	Justifiee (client) preference, credence preference	Peecher 1996; Turner 2001; Jenkins and Haynes 2003; Earley et al. 2012
	Non audit services	Francis 2004; Joe and Vandervelde 2007

	Interpersonal relationships with the client people (management) including accounting firm 'alumni'	Latham et al. 1998; Carcello and Neal 2000; Beasley et al. 2000; Johnstone et al. 2001; Bazerman et al. 2002; Francis 2004; George 2004; Knechel 2007; Joe and Vandervelde 2007; Love 2010
	Deadline pressures	Landsittel 2000
Environmental	Situational indicators (red flags): client risk including management fraud	Uretsky 1980; Benson 2009; SAS No.99 2002; D'Aquila et al. 2010; Dorminey et al. 2010; Carpenter and Reimers 2011
	Justifiee (the profession at large) preference	Peecher 1996
	Attitude indicators (dishonest, aggressive, hostile etc.)	Heiman-Hoffman et al. 1996
	Internal Control (management integrity)	Beasley et al. 1999; Kizirian et al. 2005
	Corporate governance (audit committee)	Beasley et al. 1999; Carcello and Neal 2000; Cohen et al. 2008; NACD 2013
	Non-routine/non-standard accounting matters (entries)	Spurlock and Ehlen 1999; Carmichael 2010; SAS No.99 2002
	"Revolving door "practice	Menon and Williams 2004; Wright and Booker 2005
	Fair value option use; fair value classification judgments.	Ratcliffe 2007; Earley et al. 2012, 2013

対する姿勢，監査調書のレビュー体制，パートナー・監査スタッフの業績・業務評価や顧客獲得を含む，監査法人の組織的文化）にも大きく関係している，という点である。監査上の懐疑は平面体の概念ではなく，複数のさまざまな視点を有する多面体の概念（a multi-facets concept）である。そこに，この概念を監査実務の面のみならず，監査理論のうえで扱うことの難しさがある。

　図表4-1 は，主要会計学術文献において audit professionalism あるいは professional skepticism なる用語が，どのような視点（いかなる要因）に結びつけられて説明（言及）されているかを，できる限り異なる視点が識別できるように整理・分類したものである。結論的には4つの視点——個人的（personal）要因，組織的（organizational）要因，契約に関する（contractual）要因，そして監査を取り巻く環境的（environmental）要因——である。著者は，このほかに，認識的（epistemic）要因があるのではないかと考えている。監査上の懐疑の二重構造は，これに関係している。

本書で取り上げる「監査上の懐疑」は，もとより限定的な意味で使われている。それは財務諸表監査（言明の監査）における懐疑であり，不正検出監査（非言明の監査：行為の監査）における懐疑ではない。第1の研究機会はここに潜んでいる。すなわち，**財務諸表監査における懐疑と不正検出監査（forensic audit）における懐疑はそれぞれどのような特性を有し，かつ，どのように異なるのか**，という問題である。監査研究は，この問題を学術的視点で説明できる答えを用意しなければならない。

　監査上の懐疑を考えるうえで，これまでの監査文献において，それぞれの立場を示す記述があった。前者は，Mautz and Sharaf［1961］においてみられるように，「知る方法」（a way of knowing）に結びつける立場——懐疑主義——である。後者は，会計連続通牒第153号（SEC［1974］）が強調したように，不十分な監査業務を行った職業会計士の処分事案に関連して，当該監査人にもっと注意深い監査の実施を求めるとともに，とくに監査手続の実施においてもっと「疑うこと」（doubt）に結びつける立場——職業的懐疑心——である。この後者の立場は，いわゆる「期待ギャップ」を受けた監査基準書第53号（ASB［1988］pars.18-21），同第53号をさらに展開した第82号（ASB［1997］），そして監査基準書第99号（ASB［2002］）と引き継がれた。

　監査基準書において職業的懐疑心が強調されて以来，とりわけ監査判断の内実を監査人の懐疑心に影響を及ぼす要因との関係で，行動科学的に（心理学的に）明らかにしようとする監査研究が中心的に行われるようになった。しかし，そのような展開においても，職業的懐疑心を「偏りのない信念」（unbiased beliefs）と理解する立場（Cushing［2000］p.1）もあれば，この立場に異を唱え，監査証拠に隠された意味を改めて問いかける姿勢（hidden meaning of audit evidence）と，証拠に関連づけて理解する立場（Kinney［2000］p.6）もあった。このように，職業的懐疑心の捉え方も一様ではない。

　Audit skepticism についての定義が確立していないことには，それを捉える視点が研究者の間で固まっていないことが関係しているように思われる。懐疑（skepticism）なる概念には「監査人の心のもち方」（"a questioning mind"）のほかに，「監査人が従事する監査認識の方法」すなわち「知る方法」（"a way of knowing"）という，レベルの異なる内容があるにもかかわらず，それが十分に

図表 4-2 監査上の懐疑の二重構造

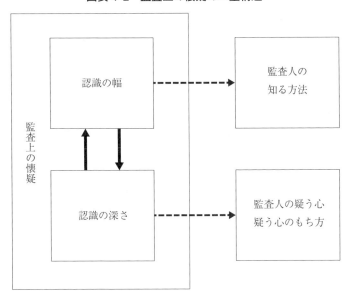

認識されず,「監査人の心のもち方」という前者のみが強調されてきたため,と思われる。すなわち,財務諸表監査における skepticism を理解するには,監査人が行う「知る」あるいは「認識」するいう側面と,監査人の認識対象——「こと」,「もの」,あるいは「状況」——をより疑ってみるという「心の働き」(それこそ懐疑心)という側面とがあり,財務諸表監査における懐疑は両者から構成される二重構造概念(a dual concept)である,と理解する必要がある。本書はこの立場をとっている。懐疑主義でもなく,また懐疑心でもなく,「懐疑」としているのは,そのためである。図表 4-2 は本書の基本的な考え方を示したものである。監査という学問分野における基礎概念としての懐疑は,両者の視点が適切に統合された定義が必要である。

監査上の懐疑に関する研究は,もっぱら監査人の職業的懐疑心を対象とし,そこに心理学的アプローチを適用することにより監査判断の状況を解明しようとする研究(Shaub [1996];Shaub and Lawrence [1996],[1999];Choo and Tan [2000];Quadackers [2009];Hurtt [2010])が,監査認識の基本的あり方を規定する枠組み研究に先行して行われてきた。Nelson [2009] は,この分野

の研究において非常に影響力のある研究成果を公表したが，そこでの考察の対象も監査人の職業的懐疑心におかれている。監査上の懐疑——もっと単純にいうと「疑うという行為」——は，監査人の内的過程（信念形成過程：inner process）に属する判断のあり方に関係している以上，実証研究は最も重要で，かつ，説得的な研究方法である，と考える。しかし，実証研究とともに，監査における認識のあり方と監査上の懐疑との関係についての研究が必要であるように思われる。というのは，監査人が採用した認識のあり方——すなわち，監査人は，いかなる立証のテーマを設定するのか（監査人がいかなる立証方法を採用するのか）——が，監査現場における監査人の懐疑心の程度に影響を与え，それが監査手続のさまざまな段階でなされる監査人の判断——とりわけ監査証拠の入手方法や入手範囲の決定および監査証拠の評価——に反映される，と予想されるからである。

人の行動は与えられる情報の組み立て方あるいは情報の与え方によって影響を受ける（Tversky and Kahneman [1981]；Levin et al. [1986]；Levin et al. [1987]；Loke [1989]；Robinson-Riegler and Robinson-Riegler [2008]）。これは，監査人の疑うという行為や立証するという行為についてもいえることである。アサーション（立証のテーマ）の与え方によって，アサーションをどのように規定するかによって，監査人が採用する立証方法は影響を受け，また，当該アサーションを立証する過程で抱く懐疑心の程度も影響を受けるはずである。いずれにしても，監査人が認識の対象とするアサーションの構文的形式が，監査人の懐疑心にどのような影響を与えるのかについての実証研究が必要のように思われる。

認識の対象であるアサーション（立証のテーマ）を考えるうえで，常に念頭においておかなければならない，監査人が陥りやすい，監査人の懐疑心にブレーキをかける監査認識上の罠がある。それが**確証傾向**である。監査認識の方法についての詳細な議論に入る前に，検討しておくことにする。

4.1 財務諸表監査に構造的に組み込まれている 監査認識上の罠——確証傾向

　財務諸表監査は，経営者自らが誠実に作成し適正な財務報告であると主張する財務諸表をまず監査人（監査プロフェッショナル）が受け入れたうえで，財務諸表上の金額と表示が一般に公正妥当と認められる企業会計の基準に準拠して適切に作成されていることを，監査人が裏づける，という構図をとっている。これが財務諸表監査の制度上の立てつけである。経営者（被監査会社）から提供される監査証拠は，基本的には，財務諸表項目の金額と表示を支える証拠（正の証拠：positive evidence）であり，負の証拠（negative evidence）ではない。監査契約は，経営者と監査人が「財務諸表の適正表示」という共通の目標に向かって相互に協力する義務と責任を負うことを認めた文書である。監査契約を締結することは，両者がこの目的の実現に向かって握手をすることを意味している。そう考えてみると，財務諸表監査における監査人の監査認識（証拠活動・監査手続）は，その構造上，財務諸表の適正表示（無限定適正意見の表明）に向かって最初からギアが入れられている，ということとなる。このような監査人の監査認識姿勢は，確証傾向（確証バイアス）（Hardman［2009］p.94, p.98）として説明することができる。

　確証傾向（confirmation proneness）[1] とは，一般的には，**人間が行う判断にみられる一般的特性（一般的傾向）を指し，その内容は，人は自分の主張に役立つ情報（証拠）を入手するように努め，反対に都合の悪い情報の源泉への接触はあえて避けようとする，また，自分の主張の立証については，少ない量の証拠で結論を下そうとする人間の特性や傾向**と説明される。この確証傾向が，しばしば，監査の失敗を引き起こす要因の１つと指摘されている。特定の立証のテーマ（アサーション・立証命題）の確からしさをより深く疑い，質的にも量的にも十分な監査証拠を入手して立証しなければならない状況にあるにもかかわらず，不十分な証拠で，時には当該立証のテーマを支持する証拠の入手だけ

1　この用語に代わって，確証バイアス（confirmation bias）が使用されることもある。しかし，言明の監査としての財務諸表監査の本質的属性を強調するならば，確証傾向という表現の方が的を射ているように思われる。

を急ぎ，当該立証のテーマを質的にも量的にも十分な証拠によって裏づけよう
とはしない，消極的な傾向や姿勢を引き起こす。換言すれば，疑い不足の状況
で，監査人がアサーションの結論に走る傾向や姿勢である。問題は，このよう
な監査現象がどうして生ずるかという点である。

　監査人がアサーションの立証において“甘くなって”しまう傾向があること
に，監査コスト・時間的制約などの要因が影響を与えているであろうことは想
像に難くないが，その「立証上の甘さ」（確証傾向）は，本質的には，財務諸
表監査の構造（立てつけ）そのものが生み出している現象である，と認識する
必要がある。確証傾向は，監査人が意識してその「甘さ」を作り出し，あるい
はそれを演出するわけではない。重要なことは，監査人がそのような「甘さ」
を本質的に抱えて財務諸表監査に臨んでいることを，経営者はすでに承知して
いる，と認識しておかなければならないことである。この「甘さ」は監査人に
とって両刃の剣である。被監査会社との摩擦を引き起こすことなく監査業務を
スムーズに，そして監査の効率性を高めることができる半面，会社側の状況に
よっては経営者に騙され，その結果監査の有効性が脅かされる，というもう1
つの面も有している。職業的懐疑心を働かせるということは，監査人がこの「甘
さ」に溺れ，負けてしまうのではなく，これと闘うことを意味している。どう
やって，監査人はこれと闘ったらよいのであろうか。「監査人は懐疑心を働かせ，
注意して監査せよ」という心構えを強調するだけでは，この問題の解決にはな
らない。財務諸表監査における懐疑あるいは職業的懐疑心の扱いが極めて難し
いのは，それが精神論の域を超えた問題であるからである。

　先行研究は，確証傾向が基本的には監査人自身が有する特性（traits: Hurtt
[2010]）あるいは監査人を取り巻く環境的な要因（監査予算の制約や監査締切
日など）によるもの（Landsittel [2000]）と指摘する。先行研究が指摘する要
因を否定するものではないが，確証傾向は，財務諸表監査そのものが有する構
造的な性格によって引き起こされていることをまず認識することが，監査上の
懐疑や監査判断のあり方を考究するうえで重要である。

　確証傾向は，監査人の認識行動を「経営者の会計上のアサーションを裏づけ
ること」として説明する現在の監査理論——おそらく実際の監査実務もそうで
あろう——に関係している。しかし，監査人が被監査会社の監査において不自

然な状況に直面し，あるいは齟齬に気づいた場合，その監査人がアサーション
の裏づけのみにとらわれるような監査手続をしているとは考えにくい。懐疑的
な監査人であれば，不自然な状況が「財務諸表の重要な虚偽表示」を示唆して
いるのではないかと当然に判断し，さまざまな探りを入れるはずである。この
探りは，たとえば売掛金の期末残高の監査を引き合いに出せば，

① 売掛金期末残高には架空の売掛金が含まれているのではないか
② 売掛金口座自体（顧客自体）が実在しないのではないか
③ 売掛金期末残高に対する確認回答が得られていないことは，売掛金がそ
　　もそも実在していないことを示しているのではないか
④ 上記③に対する疑念を払拭するため，決算後の入金事実を確かめたら，
　　期末売掛金額と同額が振り込まれていた。この事実は，売掛金残高の期末
　　時点での実在性を裏づけているものと推定してよいか
⑤ 上記④について翌月の入金事実は確認できなかった。このことは，売掛
　　金の実在性を結果として否定するものではないのか
⑥ 上記④の入金自体が仮装ということはないのか

など，売掛金期末残高の実在性という監査要点１つだけをとってみても，これ
だけの探りは容易に可能である。これらの探りはアサーションを裏づけるとい
うレベルでの探りではない。というのは，上記の①から⑥のいずれも，経営者
の立場を反映するアサーションとは符合しないからである。むしろ，それらは
監査人独自の視点から売掛金期末残高の実在性を否定する立証のテーマをあえ
て観念し，それを裏づける事実をなんとか検出したい，あるいはそこに辿りつ
きたいとする意識の発露，とみなければならない

4.2　監査上の懐疑──監査認識のあり方（懐疑の幅）

　監査人が財務諸表監査において従う立証とは，監査人が認識対象を一部の入
手した証拠を基礎に，認識対象であるアサーションの確からしさについて信念
を形成する，という意味で，帰納法の形式をとる。その際，監査人が当該認識
対象──財務諸表に含まれる経営者の会計上の主張（assertions）──の確から
しさについて，自己の信念を形成するに足る確証的証拠を得ることが必要であ

る。アサーションを支持する確証的証拠は，基本的には，次の2つの方法によって監査人は確かめることができる。

① **実証主義**と称せられる方法で，認識対象である命題（立証命題）を支える正の証拠（肯定的事例）を入手し，その量を増やすことによって，当該立証命題全体の確からしさについて，それを認める信念を形成する方法（a positive approach/ affirmative approach）である。

② **反証主義**と称せられる方法で，当該立証命題を否定する証拠（負の証拠：反証事例）を入手することによって，当該立証命題全体の確からしさを全体として認めない信念を形成し，反対に負の証拠が得られなかった場合には，その限りにおいて当該立証命題の確からしさを認める信念を形成する方法（a negative approach）である。

　財務諸表監査は，基本的には，基本命題を支持するアサーション（肯定的アサーション／立証命題）を設定し，それを裏づけるという形での立証方法——**肯定的アプローチ**——に従う。このアプローチとしては**実証主義**と**反証主義**があるが，このようなアプローチのほかに，基本命題の否定に繋がるアサーションあるいは立証命題をあえて識別し，それを裏づける根拠を積極的にみつけにかかる，という探索的アプローチ——**否定的アプローチ**——もある。アサーション／立証命題の設定の仕方を取り上げた監査研究は極めて限られているが（Smieliauskas [1999]；鳥羽 [2000] pp.190-194; Fukukawa and Mock [2011]），そこでの取り上げ方が必ずしもも一様ではないのは，この領域における監査研究が不足し，議論が十分に熟していないからである，と思われる。

　重要なことは，監査人が立証の対象とするアサーション／命題は，構文形式のうえでけっして一様ではなく，監査人を取り巻く状況によっては，肯定的アプローチではなく否定的アプローチを，また肯定的アプローチのもとでも，実証主義ではなく，むしろ反証主義に訴えなければならない場合も起こりうるからである。というのは，反証主義による立証は，実証主義による立証に比べて，監査人側において，より深度の大きな懐疑心の行使を必要とするからである。また，否定的アプローチへのシフトは，当該財務諸表監査の状況は抜き差しな

第4章　監査上の懐疑の二重構造——認識方法と懐疑心　65

らぬ段階に入っていることを示している。このように，多様な立証方法を認めることは，実証主義に限定せず，監査人を取り巻く状況によって反証主義を認めること，監査人の懐疑の仕方を変え，さらに状況よっては，まったく異なる懐疑の仕方にシフトさせるなど，監査上の懐疑の範囲を監査状況に応じて監査人が変えることができることを意味している。本書では，監査上の懐疑の範囲を**「懐疑の幅」**と称した理由はここにある。

　以下，懐疑の幅の問題を，積極的アプローチのもとでの実証主義と反証主義に関係づけて説明することにする。なお，否定的アプローチにおける懐疑については，第5章において，取り上げることにする。

4.2.1　実　証　主　義

　監査人が財務諸表監査において実施する監査手続の枠組みは，「監査リスク・アプローチ」と呼ばれる監査手続の枠組みへの変換（SAS No.47［1983］）を図られるまで「通常の監査手続」と呼ばれており，その内容は，被監査会社の内部統制の信頼性の程度，被監査対象項目の重要性や相対的危険性（relative risk），被監査会社の内外の状況などを考慮しつつ，財務諸表に表示されている各科目が内包するアサーションを識別し，監査人は監査証拠を通じてそれを裏づけること（substantiation）を内容としていた。当然のこととして，限られた監査資源という制約のもとで，どのように試査の範囲を決定し，いかなる手続を通じて適格で十分な証拠資料（competent and sufficient evidential matter）を入手し，そして最終的に，監査意見を表明するための「合理的な基礎」を確かめることができるかに監査人の最大の関心がおかれていた。この監査手続の枠組みは，

　　・経営者のアサーション（affirmative assertion）を
　　・適格で十分な証拠資料に基づいて裏づけること

を内容とするものである。この枠組みを理論のレベルで**実証主義**と呼ぶことにする。

　実証主義による監査証拠形成の最大の特徴は，監査人が経営者のアサーションを証拠——厳密にいうと，正の証拠——によって裏づけるというところにある。もちろん，実証主義による監査手続といっても，ともかく重要なアサーショ

ンを選択し，それをできるだけ多くの証拠を使って裏づけてしまえばよい，という単純で乱暴な考え方を許容するものではない。実証主義を基礎においた監査手続であれ，監査人は「職業的専門家としての正当な注意」を十分に働かせて，試査の範囲や証拠の事前評価・事後評価を行わなければならない。さまざまな監査判断が複雑に交錯しながら，監査手続が実施される。

　アサーションに対する監査人の信念を強くするには，そのアサーションを支持する個別証拠の数を増加させることである。当該アサーションの確からしさについて監査人が自己の信念を強くするには，1つの正の個別証拠よりも2つの個別証拠が，2つの個別証拠よりも3つの個別証拠の方が，監査人の結論ひいては財務諸表についての監査意見を支える証拠的基礎をより強固にすることは確かである。「証拠の量は力なり」である。監査人が入手する証拠がすべて正の証拠であるということは現実的にはありえないが，入手した負の証拠の重要性が小さい場合には，正の証拠の量が増加するにつれて，当該アサーションの確からしさに対する監査人の信念は強くなり，やがては確証（confirmation）と呼ばれる域に達することとなる。

　実証主義は，基本的には，財務諸表における経営者のアサーションを受け入れ，それを監査人が職業的専門家としての独立的な立場で裏づけるものである。たとえば，貸借対照表に記載された売掛金期末残高 1,000 百万円は，以下のような構造（体系）の経営者のアサーションを含んでいる。

経営者の言明：
　・貸借対照表上の記載：売掛金期末残高 1,000 百万円
上記言明のなかに含まれているアサーション（実証主義）：
　・貸借対照表に記載された売掛金期末残高 1,000 百万円は適正に表示されている。
　・貸借対照表に記載された売掛金期末残高 1,000 百万円は実在している。
　・貸借対照表に記載された売掛金期末残高 1,000 百万円は回収可能である。

　経営者の立場を反映するアサーションは，すべて財務諸表の適正表示に対して肯定的に示される。監査人は経営者のアサーションを裏づけるという立証の

形式をとるので，実証主義は，監査を受ける被監査会社の経営者にとっても受け入れやすい。というのは，監査人によって財務諸表が厳しく疑われる可能性（疑いをもって徹底的に追及される可能性）は小さく，経営者は監査費用の上昇を抑えつつ監査報告書を受け取ることができる。

　一方，実証主義は監査人にとっても大きな実務上のメリットを有している。経営者のアサーションを基本的に受け入れ，そのうえで，それを裏づけるという考え方で監査手続を実施することになるので，アサーションについて監査人が正しい結論に到達できるかどうかは別として——監査人の判断が間違うこともある——，基本的には，比較的少ない量の証拠（正の証拠）でもって，当該アサーションについての信念を形成することができる。実証主義のもとでは，経営者のアサーションを基本的に受け入れるという前提での監査手続が計画・実施されるので，監査人がそれを明確に自覚しているかどうかは別として，監査人の職業的懐疑心は結果として和らげられる効果を有するかもしれない。いいかえれば，**実証主義による監査手続の枠組みは，監査の有効性よりもむしろ監査の効率性に貢献する側面が強い**，とも評することができる。それゆえ，監査人が監査の有効性よりもむしろ監査の効率性を重視する気持ちに駆られるようになると，監査予算（監査時間）の制約が非常に厳しい状況ではなおのこと，監査人は少ない証拠の量で十分とみなし——職業的懐疑心を十分に働かせることなく——，さらには確証傾向も加わって，当該アサーションについて結論を急ぐようになるのである。

　実証研究による裏づけが待たれるが，実証主義による信念形成は，比較的少ない証拠（正の証拠）の量でもって，特定の命題（アサーション）についての信念形成を早める傾向がある，と推察される。また，万一監査報告書を提出した後で財務諸表の重要な虚偽表示が明らかになった場合でも，監査人には，もう少し監査時間が増えていれば，この虚偽表示は検出できたはずである，との弁解も許されるかもしれない。監査人を相手取った監査訴訟が社会的に抑えられている環境——たとえば，わが国のような企業環境——では，実証主義による証拠形成でも十分に社会的に受け入れられ，監査プロフェッショナルは監査に対する社会の期待に応えることができることになる。

　しかしながら，アメリカにおける財務諸表監査の展開は，実証主義に基づく

監査手続の枠組みが必ずしも監査の有効性を保証するものではないことを示し始めた。1970年代から頻繁に起こった "Big 8" による監査の失敗である。企業業績の不振を隠すため，あるいは経営者による財産不正を隠すため，公開会社において不正会計がなされ，しかも，不正会計の手口がますます複雑かつ巧妙になってきた。AICPA の「監査人の責任委員会」は，財務諸表監査のあり方を「期待のギャップ」という視点から総点検し，監査実務の見直し，新しい監査実務の導入を図った。監査基準書第47号によって導入された「監査リスク・アプローチ」は，「期待のギャップ」を解決するための方策を模索する一環として，これまでの実証主義に根ざした監査手続の枠組みを一変させる考え方を示すものであった，と考えられる。この考え方こそ，次に紹介する**反証主義**である。

4.2.2 反 証 主 義

財務諸表監査の発展の歴史は，社会を震撼させる企業の不正会計を受けて，監査プロフェッションが自らの監査証拠プロセスをどのように改善したらよいか，より有効に機能する新たな監査手法をいかに開発したらよいか，といった問題に取り組んできた軌跡でもある。大企業による不正な財務報告が大きな社会現象として現れたのは，アメリカでは1970年代以降である。しかし現在でも，不正な財務報告は後を絶たない。監査人が遂行する監査手続の弱点や監査手続に対する考え方を経営者が知悉するようになると，それを巧みについた不正のスキームが開発され，しかも，それが次第に複雑化するためである。

そのような状況においても，企業社会の構成員が財務諸表監査に従事する職業的監査人をみつめる視線は一段と厳しくなっている。投資先企業の規模も大きくなり，したがって，企業が破綻した場合に，その企業の投資家や従業員が受ける経済的損害は大きくなり続けているからである。このことは，「監査人と被監査会社の経営者との間には本質的な利害の対立はない。」という監査公準 (Mautz and Sharaf [1961] pp.52-54) だけに基づいた監査手続の枠組みでは，監査の失敗を十分に防ぐことが難しいことを意味している。上記の公準に代えて「監査人と被監査会社の経営者との間には潜在的な利害の対立がある。」という監査公準を識別すべしとの主張 (Robertson [1979] p.31) は，1970年代か

ら 1980 年代初頭にかけて，数多くの不正な財務報告が頻発したアメリカの企業社会の現実を踏まえてのことである。

　財務諸表上の重要な虚偽表示は，経営者や従業員の無意識による会計手続上の誤謬によって引き起こされるだけでなく（error misstatements），しばしば，経営者の故意による不正な会計操作によっても引き起こされる（fraud misstatements）。また，財務諸表の重要な虚偽表示は，従業員，経営者，あるいは彼らの共謀によってなされた財産不正（asset fraud：財産の横領）を隠蔽するためにも行われる。一般に公正妥当と認められる監査の基準は，財務諸表上の重要な虚偽表示が，経営者の判断ミスや従業員の会計業務上の誤謬によって引き起こされたものか，経営者による意識的な会計操作によるものか，あるいは，財産不正の隠蔽を目的としたものであるのかによって，監査人の帰責の程度を区別しているわけではない。財務諸表の重要な虚偽表示をもたらす原因のいかんによらず，どのような監査手続上の戦略あるいは監査方法論を構築すれば，監査資源の制約のもとで重要な虚偽表示を有効に検出できるのか，という問題が喫緊の課題として浮上することとなった。実証主義に基づく監査手続の枠組みでは，監査人を十分に防御することができないことに，監査プロフェッションが気づき始めた。1980 年代のことである。

　反証主義による監査手続とは，特定のアサーションの裏づけに役立つ正の証拠の入手に注目するのではなく，特定のアサーションの否定は単一の負の証拠（反証事例）によって可能であるという負の証拠の働き──「否定の力は肯定の力よりも強い」──に最大限注目する立証方法である。負の証拠によって質的にも金額的にも重要性の大きなアサーションが否定された場合には，（そして被監査会社が関連項目の表示を訂正しない場合には），それをもって財務諸表の適正表示にかかる基本命題を否定し，限定意見もしくは不適正意見を表明する。反対に，重要なアサーションの確からしさを否定する証拠が入手できなかった場合には，（その限りにおいて）当該アサーションを受け入れる，という決定を行い，他に問題がなければ，無限定適正意見を表明する。これが反証主義を採用した場合の監査判断の経路である。

　上記の議論を財務諸表監査にもう少し具体的に適用すると，反証主義のもとでは，貸借対照表に記載された売掛金期末残高 1,000 百万円について，以下の

ようなアサーションを設定する。

経営者の言明：
・貸借対照表上の記載：売掛金期末残高 1,000 百万円
上記言明のなかに含まれているアサーション（反証主義）：
・貸借対照表に記載された売掛金期末残高 1,000 百万円には，重要な虚偽表示はない。
・貸借対照表に記載された売掛金期末残高 1,000 百万円の実在性について，重要な虚偽表示はない（free from material misstatement）。
・貸借対照表に記載された売掛金期末残高 1,000 百万円の回収可能性について，重要な虚偽表示はない（free from material misstatement）。

　反証主義に基づく監査手続の枠組みの最大の特徴は，監査人は，期中監査と期末監査を通じて，財務諸表の重要な虚偽表示を示す証拠（負の証拠）をみつけにかかることにある。財務諸表項目の適正表示を裏づける過程において，結果として負の証拠が検出されるというのではなく，監査計画の段階で重要な虚偽表示の可能性の高い財務諸表項目に狙いを定めるとともに，関連する負の証拠を入手できるように監査資源の配分を含め，監査手続を予定するのである。そのためには，被監査会社を取り巻くさまざまなリスクおよび被監査会社が抱えているさまざまな事業上のリスク（business risk）を洗い出し評価するとともに，かかるリスクが財務諸表の重要な虚偽表示にどの程度の影響を与えているかを，財務諸表項目ごとに検討するのである。このように考えてくると，現在の財務諸表監査実務において広く採用されている監査リスク・アプローチには，反証主義の考え方が強く反映されている，と理解することができる。

　監査リスク・アプローチが採用されている監査実務において，監査人は，特定のアサーションについて証拠による裏づけ（実証）に貢献する証拠を入手するという視点で，監査手続に従事しているのであろうか，それとも，特定のアサーションを反対に否定にかかる証拠を求め，かかる否定的証拠が入手できなかったことをもって当該アサーションを裏づける（反証：refutation）という視点で，監査手続に従事しているのであろうか。おそらく実務的には，リスク評

価を受けて，監査人を取り巻く状況の変化を受けて，そして監査手続の結果得られた検出事項を受けて，実証によるアプローチまたは反証によるアプローチを状況反応的に弾力的に決定する，ということであろう。懐疑心の改訂を含め，どのような状況のもとで，かかるアプローチの決定に監査上の懐疑（そして懐疑心）がどのように関係しているのであろうか。監査上の懐疑に対する学問的探求は，監査人が行う認識の出発点である「アサーションのあり方」[2]を含めて行う必要があるように思われる。

反証主義による監査手続の枠組みは，監査計画の策定時点において，財務諸表項目の重要な虚偽表示に狙いを定め，それを積極的にみつけにかかる，という意味において実証主義における監査手続の枠組みとは異なる。すでに指摘したように，反証主義のもとでは監査の有効性が高まることは確かであるが，重要な虚偽表示が実際にはなかった財務諸表項目について監査手続が計画され，それが実施された場合には，結果として，無駄な監査資源が費消されたことになり，その意味で効率性の面で劣る監査が行われたことになる。また反証主義による監査手続が計画された場合には，被監査会社側の監査コスト負担も，実証によるアプローチの場合に比べて大きくなることが予想される。反証主義においては，監査人が重要な虚偽表示の検出に監査資源を重点的に投入すること

2　2008年4月に，監査人の懐疑主義を考察するうえで重要な監査訴訟判決が出された。原告は清算段階に入った元上場会社（株式会社ナナボシ）の破産管財人（清算会社の代表）であり，被告（被告に大幅な過失相殺を認めたうえで第一審は敗訴，その後和解）は当該上場会社の独立監査人（監査法人トーマツ）である。入金の遅延している公共工事にかかる営業債権に関連して，担当の監査人は，工事請負会社である企業に対して工事未収入金の期末残高について確認を行うだけでなく，実際に当該工事現場を視察していた。しかし，当該監査人が視察した工事現場は被監査会社から要請された工事請負会社が仮装し，しかも，その仮装された工事現場に仮のプレハブの事務所を建て，担当監査人からの売掛金確認依頼状を受け取れるようにしていた。現場視察した監査人は工事現場のいくつかの「不自然さ」に気づいていたが，確認状によって工事代金の実在性は確かめられたとの判断で，工事代金の実在性についてのアサーションではなく，工事収益の期間帰属についてのアサーションの立証を重視した。

いかなるアサーションを設定するかが懐疑心の深度に影響を与え，また，監査人が当該監査状況についていかなる深度の懐疑心を抱くかが，その後のアサーションの具体的な設定に影響を及ぼす。すなわち，「職業的懐疑心の程度がアサーションの識別に影響を及ぼす一方，設定されたアサーションが職業的懐疑心のあり方にも影響を及ぼす」という，相互作用的な関係が起こる。なお，本事例については，鳥羽［2010a］を参照されたい。

になるので——すなわち，職業的懐疑心を従来以上に働かせ，疑う姿勢を一段
と強めて監査に臨むことになるので——，被監査会社の経営者はこれに反発す
ることも予想される。反証主義は監査の有効性を一段と高めることに対する社
会の期待を反映したものであり，また，監査の失敗や監査訴訟から監査人を防
衛するための監査手続の戦略的枠組みとして導入されたもの，と評することが
できる。2つの監査認識方法は，監査現場において，どのように選択され，ま
た変更されるのであろうか。また，それは監査人の懐疑心の程度（懐疑の深度）
にどのように影響するのであろうか。

4.3　監査上の懐疑——懐疑心を働かせる程度（懐疑の深度）

　多くの経営者は財務報告制度の社会的意義とその重要性を認識して行動して
いるはずである。しかし，一部の経営者であれ，不幸にも粉飾決算を決意した
経営者は「手負いの猪」である。外部の取引先（場合によっては銀行），ファ
ンドを含む特定目的会社（SPC），子会社，関連会社などを介在させ，極めて
巧妙な不正スキームを構築する。会計基準の盲点（弱点）を巧みに突き，監査
人の出方を注視しながら不正スキームの維持・調整を図る。監査人の懐疑心を
できる限り抑え込み，また監査人が疑いを強め始めた場合でも，その疑いを巧
みにかわすことのできる手だて（証拠）を準備する。財務諸表監査の立てつけ
に，IT技術の急速な発展，取引量の拡大，取引範囲の拡大，会計処理におけ
る見積り要素の増大といった環境的要因が加わると，監査人の職業的懐疑心を
結果として削いでしまう環境ができあがる。チェック・リスト（監査マニュア
ル）に依存した監査の進め方，リスク評価のやり方次第では，個々の取引につ
いての詳細テストを遠ざけてしまう監査リスク・アプローチも，職業的懐疑心
の涵養や強化には貢献していないかもしれない。過去における不正会計のス
キームを学ぶことは，監査法人における初期の研修・教育では必要であり，か
つ，重要である。しかし，それは，極論すれば，将来における新しい不正会計
に対して監査人に防御を与えるものではない。監査人にとっての唯一の防御は，
職業的懐疑心を高めることである。
　監査人にとって重要なことは，いかなる経営者であれ，財務諸表を意図的に

第 4 章　監査上の懐疑の二重構造——認識方法と懐疑心　73

歪めるインセンティブを潜在的に有している，という認識をもつことである。その意味で，財務諸表リスク——財務諸表が不正や誤謬によって著しく歪められている可能性——は，いずれの企業においても存在する。現実には，そのリスクは経営者自身の倫理観・経営哲学，コーポレート・ガバナンスの機能や内部統制の監視機能によって引き下げられている，と理解すべきである。それゆえ，状況によっては，監査人が職業的懐疑心の水準を高め，「**疑ってかかる姿勢**」を強めなければならない場合もあり得る。最近主張されてきている推定的懐疑心という考え方（a presumptive doubt view）である。監査人が行使すべき懐疑心の程度は，監査人の認識はアサーションを裏づける（実証する）ことであるという考え方のもとに，監査人はアサーションをどの程度の懐疑心で立証すべきであるのか，という問題として提起されてきた。2つの異なる立場がこれまでの監査文献において識別されている。**中立的懐疑心**と**推定的懐疑心**である。

4.3.1　中立的懐疑心

監査上の懐疑は，まず，職業的専門家としての懐疑心（professional skepticism）の問題として捉えられ，とりわけ監査人は財務諸表の作成に責任を有する経営者の誠実性について，どのように捉えて財務諸表監査に臨むべきであるか，という問いに対する監査プロフェッションの立場を模索する形で取り上げられた。この問いに対して初めて明確な立場を明らかにしたのが，コーエン報告書（AICPA［1978］）である。そして同報告書は，経営者の誠実性について抱くべき懐疑心の程度は，経営者は誠実である，反対に誠実ではない，そのいずれにも与するべきではないこと，換言すれば，経営者の誠実性に関して予断をもってはならないこと——中立的立場を維持すること——を強調した。この立場自体は，経営者と監査人は財務諸表の適正表示という共通の目標の実現に対してそれぞれの責任を負い，かつ，協力する義務がある，という財務諸表監査の基本的前提とも合致するため，AICPA によって支持され，監査基準書第 82 号（ASB［1997］09）において明文化された。

監査基準書第 82 号は，professional skepticism をもって，「疑う心」・「疑いを投げかける心」（a questioning mind），「経営者・従業員の陳述を鵜呑みにしない姿勢」あるいは「入手した監査証拠の質（信頼性・真正性）を疑ってみよ

うとする姿勢」とし，基本的には，証拠の入手と証拠の評価に従事する場合の監査人の姿勢のあり方（心のもち方）を規制する概念として導入した。監査基準書が「職業的専門家としての懐疑心」に言及したことは，監査プロフェッショナルにとってだけでなく，監査研究者にとっても重要な展開であった。というのは，1990年代から開始された「職業的専門家としての懐疑心」についての研究は，この監査基準書によって拍車がかかったからである。監査研究者は，おのずと，監査人が求める証拠の範囲と量についての判断，そして入手した監査証拠の評価についての判断は，監査人が職業的懐疑心をどの程度強く抱くかどうかによって影響を受けるはず，と考え始めたからである。

　しかし，監査基準書第82号のアプローチは，職業的懐疑心の問題を「監査人は経営者の誠実性をどのように考えるのかという問題」と結びつけていたために，1つの問題を潜在的に抱えていた。というのは，職業的懐疑心に関する議論が「経営者は誠実であるか否か」という，いわば属人的な議論に矮小化されてしまったことである。経営者の誠実性との関係で職業的懐疑心を捉えようとする考え方は，その提唱者がAICPAであることを考えれば，理解可能ではあるけれども，本来は，経営者の誠実性と関係づけるべきではなく，**監査人は，財務諸表には重要な虚偽表示が含められている，反対に，含められていないとのいずれの認識を事前にもつべきではないこと**——財務諸表の虚偽表示について予断をもつべきではないこと——と，財務諸表の虚偽表示と関係づけるべきであった。ちなみに，Cushing［2000］（p.2）やNelson［2009］（p.3）は，「監査人は，経営者の言明に対して事前にいかなるバイアス（"any bias ex ante" or "bias in either a positive（"trusting"）or negative（"suspicious"）direction"）をもってはならないこと」という意味を明らかにしている。The Panel（POB［2000］p.76）は，監査基準書のこうした立場について，関係者の間で「中立的立場」（a neutrality view）との特徴づけがなされていることを紹介している。本書では，この立場で説明される懐疑心の深度を中立的懐疑心と称している。

　ただ，中立的懐疑心については，監査制度上における位置づけに関して問題が残されている。著者は，中立的懐疑心という表現で示される懐疑水準は1つの懐疑心の水準を表わすものとして，理論的にも監査実務のうえでも有効と考えている。しかし，監査基準書第99号が監査基準書第88号における関連部分

第 4 章 監査上の懐疑の二重構造——認識方法と懐疑心 75

をすべて削除したことから，中立的懐疑心の位置づけが極めて不鮮明になって
きた。監査基準書第 99 号は，監査人に対して以下に述べる「推定的懐疑心」
と表現される懐疑心の水準のみを求めており，もはや中立的懐疑心は許容され
ないと考えるべきであるのか，という点である。アメリカの監査実務では，ど
のような理解が現実になされているのであろうか。著者は，被監査会社内外の
リスクの評価とそれを受けた財務諸表リスクの評価の結果によっては，中立的
懐疑心の水準でも十分な監査の質は維持できるはずである，と考えている。

　しかしながら，訴訟社会であるアメリカでは，そのような理解ではもはや監
査の質を維持できない——あるいは監査訴訟に対応できない——と広く理解さ
れているのかもしれない。もしそうであるとすると，アメリカにおける財務諸
表監査は，制度上，常に推定的懐疑心の水準が求められ，したがって，監査手
続の水準もそれを反映した極めて高水準，ということになる。換言すれば，ア
メリカにおける監査の質は推定的懐疑心が監査認識プロセスの全体にわたって
十分に行使され，それを反映した監査手続によって担保されている，というこ
とになる。アメリカの監査実務における職業的懐疑心の深度は単一概念（推定的
懐疑心）で説明されるのであろうか。この疑問は，実証研究によってしか解決
できないように思われる。ちなみに，PCAOB は，監査基準第 5 号［2007］（¶
4）において，さらに 2008 年に公表した検査報告書（PCAOB［2008］）において，
職業的懐疑心の重要性を追認しているが，職業的懐疑心の水準（深度）につい
ては，その立場を明らかにしていない。

　翻って，この疑問をわが国の監査実務に投げかけた場合，現行の「一般に公
正妥当と認められる監査の基準」は，職業的懐疑心の深度について，どのよう
な立場をとっているのであろうか。監査訴訟がほとんどないわが国の場合には，
中立的懐疑心も制度的に許容されている，と理解すべきなのであろうか。いず
れにしても，いかなる懐疑心の水準が許容されるかは，財務諸表監査が行われ
ている国の企業社会のあり様を抜きにしては，議論できないようにも思われる。

4.3.2　推定的懐疑心

　財務諸表の重要な虚偽表示の有無について**予断をもってはならないこと**を強
調する立場（中立的懐疑心）に対して，推定的懐疑心は，財務諸表の重要な虚

偽表示があるのではないかと**疑ってかかること**を強調する立場である。もっとも，AICPA の一連の監査基準書は，これら 2 つの異なる立場を象徴的に表現する 2 つの用語——たとえば "neutral skepticism" と "presumptive skepticism"——を明示していない。しかし，監査基準書第 99 号を境にして，求められる職業的懐疑心の水準は大きく変わった，と評されている。これらの概念は，ともに，**監査人の懐疑心の深度**（深さ：depth）を表わす概念として，本書では位置づけられている。

　仮に監査人の懐疑心の程度を「深さ」（深度）という概念で捉えたとしても，その深度は，監査現場において監査人が抱く「疑う」という心の状態やその変化を説明できる内容（監査手続の内容）を具体的に示しているのであろうか。たとえば，特定の監査手続あるいは（特定の監査手続の組み合わせ）が示された場合に，それは中立的懐疑心を反映したもの，あるいは，推定的懐疑心を反映したものと，即座にそして独特に結びつけることが可能であろうか。もしかすると，監査手続自体には，大きな違いがないのかもしれない。では，何に違いが出てくるのであろうか。ここを知ることが懐疑心の深度を知るうえで不可欠であろう。

　監査基準書第 99 号は，懐疑心の深度を示す概念として長年維持・継承してきた「中立的懐疑心」に関する記述をすべて削除し，監査人により強い懐疑心の行使を求める記述を新たに組み入れた。監査研究者（Bell et al.［2005］p.21; Nelson［2009］）によれば，規制当局が監査の失敗をみる視点はすでに「推定的懐疑心」に移っている（移りつつある）とされている。では，いかなる事実をもって，監査人に求められる懐疑心の深度が変わったと判断しているのであろうか。SEC は AAER において，特定の監査の失敗事案に関連して，監査人はもっと職業的懐疑心を発揮すべきであったとの判断を下すことを通じて，監査認識の不十分さを指摘している。では，どのような事実認定が当局の判断の根拠になっているのであろうか。林［2015］は「規制当局が懐疑心をどのように認識しているか」に狙いを定めた研究結果を発表したが，この研究に関する限り，規制当局の抱く懐疑心の水準について明確な結論を示すことはできなかった。同氏の研究においては，AAER 第 3436 号において使用されている懐疑心の深度を示すとされるさまざまな英語表現を検索し，併せて SEC 当局が問題とす

第4章　監査上の懐疑の二重構造——認識方法と懐疑心　77

る監査の失敗の内容などと職業的懐疑心を結びつけることにより，当局は監査人に求める懐疑心の深度をどのように認識しているのか，とりわけ中立的懐疑心から推定的懐疑心へのシフトが現実に起こっているのかが最大の関心事であった[3]。

　翻って考えて，AICPA が長年維持してきた中立的懐疑心は，財務諸表監査においてもはや許容されない懐疑心の水準なのであろうか。著者は，監査手続の実施に際して，財務諸表に含まれているアサーションの確からしさについて，監査人が予断をもたない，すなわち中立的懐疑心の水準で監査に臨むことは，監査実務において十分にあり得る，と考える。財務諸表上のアサーションのすべてについて，最初から疑ってかかるのではなく，評価したリスクの大きさによっては中立的深度で監査計画を策定し，監査手続を実施し，そしてその検出結果によっては，それ以後の懐疑心の水準を推定的懐疑心の水準に引き上げることは，現実の監査実務において十分にあり得る，と考えている。さらに，懐疑心の深度は監査人を取り巻く状況や監査人が得る情報（証拠）によっても変化しうるものであろう。また，それは期中監査と期末監査とでは，さらに内部統制監査と財務諸表監査とでは異なるかもしれない。監査上の懐疑に関する監査研究は，ここに示されたさまざまな疑問や問題に対して答え得る枠組みをまず模索する必要がある。職業的懐疑心を含む監査上の懐疑を，監査人に対する精神論で終わらせてはならないのである。

3　職業的懐疑心の内実を知るための手掛かりを何とか得ようとする研究者の問題意識は理解できるが，その疑問を解くための手掛かりを『通牒』における文章表現や文言の解釈におく方法自体に無理があるのではあるまいか。『通牒』において示されている監査状況（監査証拠の種類・入手時期・証拠の評価・その後のフォローなど）を個々に，しかも丹念に分析し，それを受けて，当局が総合的にどう判断したかという形での分析でなければ，懐疑心のシフトに関する疑問に答えることはおそらくできないであろう。研究者の研究意図は，「懐疑心の深度」をどのように測定したらよいのか，という極めて本質的で，しかし難しいテーマに向けられている。ただ，このような分析を可能にする情報の量を『通牒』が提供しているのか，という別の問題も同時にある。

第5章

監査上の懐疑概念と監査人の認識プロセス

　監査上の懐疑をどのように概念的に理解するかが，監査認識に関する監査研究全体にとって最も重要である。すでに指摘されているように，audit skepticism に対して与えられた定義は十分ではない。というのは，これまで与えられた定義（概念内容）では，監査人が従事する認識全体との関係が必ずしも明らかではないからである。とはいっても，従来の定義が誤っているというのではない。定義に与えられた概念内容が狭すぎること，また，あまりに概念内容が圧縮されているということである。監査人が抱く「疑う」という行為が監査認識プロセスにおいて有するさまざまな側面が，これまでの定義では十分に明らかになっていないのである。さらにいえば，議論がさらに難しくなるが，「疑う」という行為が有する黙示的な推論（implicit reasoning）が捉えられていないからである。いずれにしても，これまで示された定義は，学術的な定義として確立されているといえるまで精緻化されていないのである。このことは，監査人の内的過程で作用する，監査という行為にとって最も本質的な「疑う」という要素が，監査認識プロセスとの関係において十分に説明・位置づけられていないことを意味している。多くの監査研究者がこれまで示された定義に違和感や不十分さを覚えるのは，この概念が十分に熟していない，あるいは十分にオペレーショナルになっていないからである。

5.1　監査上の懐疑——定義

　監査上の懐疑なる概念について学術的な定義を与えるには，監査人がいかなるアサーションを設定し，監査人の認識プロセスにおいて，どの程度の懐疑心を働かせながら当該アサーションを立証するか，といった一連の問題に応える

ことのできる概念内容を備える必要がある。それは，換言すれば，財務諸表監査における監査認識プロセスの各段階に関連づける必要があることを意味している。しかしながら，現在，監査上の懐疑の領域を対象に行われる研究（実証研究も含む）において頻繁に言及される定義は，監査人の職業的懐疑心を対象に，もっぱら証拠の評価を含む，監査人が疑いを投げかける心の状態や姿勢に向けられている。監査基準書第99号が示した定義である。

　しかし，これは不十分である。監査上の懐疑の中心が疑いを投げかける監査人の心の状況（auditor's questioning mind）にあることは確かであるが，それを監査認識プロセス全体に広げて規定される必要がある。というのは，いかなる深度の懐疑心を監査人が抱くかどうかは，監査認識の対象であるアサーションをどのような形で設定するか——一般的にいえば，情報内容の与え方——によって影響を受けるからである。すなわち，監査上の懐疑の定義は，監査上の懐疑が有する二重構造——幅（認識の範囲）と深度（懐疑心の程度）——を，明示的に，あるいは黙示的に反映する必要がある。

　監査上の懐疑概念に定義を与えるには，さらに，監査認識を行う主体を監査人として単純化するのではなく，監査現場において立証活動に直接従事する監査人個人のレベルだけでなく，個人レベルでなされた監査認識の内容と結論などを批判的に評価する組織のレベル——上司のレベル，監査チームのレベル，さらには審査のレベル——も視野に入れる必要がある。監査認識プロセスはその最初の段階から最後の段階に至るまで，パートナーを頂点とする監査チームの共同作業である。たとえば，懐疑心が足りず，そのことが監査の失敗に結びついた場合には，それは監査チーム全体としての職業的懐疑心が十分に行使されず，結果として財務諸表の重要な虚偽表示に繋がる手係りを看過した，と捉えるべきである。もちろん，このことに対する最終責任は監査契約責任者であるパートナーにある。

　監査上の懐疑概念を監査チームが従事する監査認識プロセスとの関係において規定するということは，パートナーとその監査チームがそれぞれの立場で行う監査認識に伴う懐疑心の深度を状況に応じて改訂する作業の連鎖として理解することを意味している。監査上の懐疑は，監査認識プロセスを構成する各段階においてそれぞれ独特の働き方をするはずであり，それゆえ，監査認識プロ

セスの各段階との関係において定義される必要がある。本書では，監査上の懐疑を以下のように定義する。

　監査上の懐疑とは，以下の4つのプロセスから構成される監査認識プロセスの各段階において，すなわち，
　　① **立証すべきアサーションを認識・設定する段階において，**
　　② **設定されたアサーションに関連して入手すべき監査証拠を予定する段階において，**
　　③ **監査現場において監査証拠を入手・評価する段階において，**
　　④ **監査証拠の入手・評価に際して行った監査人の判断について，当該監査人個人のレベル，当該監査担当者が所属する監査チームのレベル，そして監査法人のレベルそれぞれにおいて，**
疑いを投げかける監査人の姿勢と監査人の心の状況を総称する概念である。

　このように監査上の懐疑は，とりわけ監査証拠の入手や監査手続の実施段階のみに限定して捉えられるべきではなく，監査計画の策定（アサーションの設定・修正）段階，証拠の評価段階，さらにはアサーションに対する信念を形成する段階（とりわけ監査調書のレビューの段階）を含む，監査認識の全プロセス（the entire process of audit cognition）において理解される必要がある。さらに監査上の懐疑は，現場において監査証拠の入手・評価や監査手続の実施に従事する監査スタッフのみならず，それらを事前に計画・予定する監査責任者，監査スタッフの作成した監査調書をレビューする上司，さらには審査担当責任者など，組織レベルにおいて一層深く多面的になされるべきである。図表5-1と図表5-2を相互に関係づけながら，監査上の懐疑を再度考えていただきたい。

5.2　監査人の認識プロセスで果たす監査上の懐疑

　上記の定義の最大の特徴は，監査認識プロセスとの関係において——懐疑が監査認識プロセスを構成する各段階で——，監査上の懐疑が捉えられていることである。図表5-1は上で定義された監査上の懐疑が有するさまざまな側面を

図表5-1 監査上の懐疑と監査認識プロセスとの関係

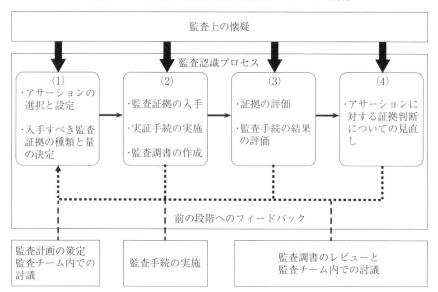

監査認識プロセスにおける具体的な段階との関係で示したものである。すなわち，
(1) 監査計画を策定する段階……上記の定義における①・②
(2) 監査証拠を入手・評価し，その状況と結果を文書化する段階……③
(3) 監査調書に記載された証拠を評価する段階……④
(4) 監査調書の査閲や監査チーム内の討議を通じて，アサーションの確からしさについての証拠判断を見直す段階……④

監査認識プロセスの段階が進むにつれて──すなわち監査計画の策定(1)を起点として，監査現場での作業(2)へ，(2)の結果に対する監査担当者自身による評価(3)が行われた後，監査チームや監査法人としての評価(4)へと進むにつれて──，監査人は特定の財務諸表項目に関して，あるいは設定されたアサーションに関連して，さまざまな情報を入手する。監査人は，受け取った情報に応じて職業的懐疑心の水準を改訂していくのである。

5.2.1 監査計画を策定する段階

監査上の懐疑概念を捉える第１段階は，監査認識プロセスの起点である監査計画の策定である。ここでは，まず第１に，監査責任者が当該期中監査・期末監査において，立証すべきアサーションを事前に設定するともに，（3）と（4）の段階を通じて得る情報に基づいてアサーションを見直し，必要に応じて新たなアサーションを追加するという判断（監査計画の修正）が行われる。これは監査認識における**懐疑の幅（範囲）**を反映し，かつ，それを状況に応じて見直すことを示唆している（①）。第２に，監査計画の策定段階では，設定されたアサーションを立証するための証拠について，いかなる証拠を，いかなる源泉にわたって，どの程度入手するかという判断が，監査人の抱く懐疑心の程度に従って行われる（②）。

5.2.2 監査証拠を入手・評価し，その状況と結果を文書化する段階

第２段階における監査上の懐疑は，監査証拠の入手・評価と監査調書の作成において，監査人・監査スタッフが行使する懐疑心である。それは，特定のアサーションとの関係において，監査スタッフはいかなる監査証拠をどの程度入手し，いかなる監査技術を選択・適用するか，そして最終的には，その状況と検出結果をどのように分析し，それをどの範囲まで記録にとどめるかに関係している（③）。この段階において求められる懐疑心は，特定の立証活動に従事している監査人または監査スタッフが，どの程度の懐疑心を働かせながら立証活動に臨むかという，立証者個人の監査認識における**懐疑心の深度**に関係している。すなわち，この段階の懐疑心とは，立証者が入手する監査証拠に対して向けられ，立証者が**個人のレベルにおいて（individually），かつ，外に向かって（outwardly）に働かせる懐疑心**である（Bell et al. [2005]；鳥羽 [2014]）。図表5-2のセルⅠを参照されたい。

「外」に向かって働かせる懐疑心とは，たとえば，物理的証拠（経済価値を表彰する化体：小切手，手形，有価証券，預金証書，商品など）の場合には本物であるかどうか（真正性），文書的証拠（各種契約書・各種議事録，証憑書類全般など）の場合には偽造・改ざんされていないかどうかを含め信頼できる

84

図表 5-2　職業的懐疑心を働かせる主体と客体

		職業的懐疑心を働かせる主体	
		監査人個人のレベルで （individually）	組織（監査チーム・ 監査法人組織）のレベルで （collectively）
職業的懐疑心を働かせる対象(客体)	外（証拠源泉）に向かって： outwardly	I ・監査証拠の質（適格性）と量の評価	III ・不適格な証拠や不十分な証拠 ・不適切な監査手続 ・異常事項や齟齬
	内（立証者自身の判断）に向かって： inwardly	II ・監査人自身が行った証拠の質と量を含む監査判断の是非	IV ・監査証拠の改ざんや意図的な取捨選択 ・監査責任者や監査スタッフの判断ミスあるいは不適切な判断 ・見落されている否定的事項や徴候

ものであるか，口頭的証拠（役員・従業員による説明・陳述など）の場合には証拠源泉として適格であるかなど，監査人が入手した証拠（「外」）に対して投げかける懐疑心である。さらに，勘定残高の確認を実施する場合には確認先として適切かどうか，質問をする場合には回答者としてしかるべき責任と知識を有しているかどうか，閲覧をする場合には会社が提供した書類が正式なものであるか，書類としての形式要件を満たしているかなど，これらもすべて「外に向かって働かせる懐疑心」の例である。

5.2.3　監査調書に記載された証拠を評価する段階

　第3段階における監査上の懐疑は，証拠の評価と監査手続の結果の評価において，監査人・監査スタッフが行使する懐疑心であり，監査調書に記録された立証活動の内実を当該立証活動に従事した者（立証者）が，自身に対して問いかけることを内容としている。この種の懐疑を「**内に向かって（inwardly）働かせる懐疑心**」（Bell et al. [2005]；鳥羽 [2014]）と呼ぶことにする。換言すれば，

立証者が, **個人のレベル**において, アサーションを設定（選択）する際の判断, 監査手続の選択・適用を行う際の判断, 入手した証拠の評価や監査結果に対する判断などが適切であったかどうかなど, **自己のなした判断の是非を省察する**のである（図表5-2のセルⅡ）。

　監査責任者・監査スタッフが, 自己の監査判断に誤りがないかどうか, 何か大きな問題を見落としていないかどうかなどについてもう一度問い直し, 自分自身で再度疑ってみるという形での懐疑は, 監査の有効性を高めるだけでなく, 監査の効率性にも資するという意味でも重要である。被監査会社の決算日がほとんど集中し, しかも, 1人で数社の監査を並行して担当している監査責任者にとって, とりわけ監査スタッフのレベルで自己の監査手続の質と判断の適切性が厳しく問い直される, という監査業務――一種の control self-assessment にほかならない――が組織全体に浸透すれば, 監査業務管理は次の段階にレベルアップされたことになる。inward skepticism も, 職業的懐疑心の具体的な現れ方の1つにほかならない。

5.2.4　アサーションに関連してなされた証拠判断を見直す段階

　この段階において行使されるべき懐疑は2つある。第1は, 監査調書に記載されている監査手続の適否や入手した監査証拠の適格性――アサーションに対する関連性と入手した監査証拠の信頼性――を, 監査チームの上司が監査調書のレビューを通じて, あるいは監査チームにおける討議を通じて見直し評価する, という形で発揮される懐疑である。もとより, 基本は上司による監査調書のレビューである。アサーション自体は, 通常の場合, 監査計画の策定段階で選択され, 通常, 監査指示書などを通じて監査スタッフに示されているので, ここでは, 当該アサーションに関連して入手した監査証拠の源泉の適否に対する評価や監査証拠自体の評価, 利用した監査証拠の量と種類の評価, 監査技術の適用状況の評価, 異常事項や検出事項などについての評価が中心であろう。図表5-2におけるセルⅢは, 組織レベルにおける外に向けての懐疑（outward skepticism）のあり方を示している。

　第2は, アサーションの識別と監査スタッフが検出した齟齬や検出事項に対する評価の是非を, 監査チームにおける討議を通じて, あるいは監査法人内の

独立的な審査機構（審査担当責任者：concurrent reviewer）を通じて見直し，監査責任者および監査スタッフが下した判断や結論に問題がないかどうかを**組織的に省察する**，という形で発揮される。図表5-2におけるセルⅣは，組織レベルにおける内に向けての懐疑（inward skepticism）のあり方を示している。

5.3　監査上の懐疑の枠組みと懐疑のシフト

　監査人が抱く懐疑は，まずは，被監査会社を取り巻くさまざまなリスク，被監査会社が抱えている事業上のリスク（ビジネス・リスク）——とりわけ，被監査会社のビジネス・モデルのリスク——，そして被監査会社の内部統制の有効性についての評価を経て，監査計画の策定に反映される。継続監査であれば，前年度の監査結果が，当年度の監査上の懐疑に反映されることになる。

5.3.1　監査上の懐疑水準の初期設定

　監査計画は，正のアサーションを識別し，それを裏づけるという考え方のもとに策定される。その際，アサーションの設定に中立的懐疑心を反映させるか，それとも推定的懐疑を反映させるかの判断を，個々の財務諸表項目，そしてさらには個々のアサーションレベルで行う必要がある。図表5-3を参照されたい。
　懐疑心の深度が中立的懐疑心の水準であれば，監査上の懐疑はセルⅠに属し，推定的懐疑心であればセルⅡまたはセルⅣに属する。セルⅡは，疑ってかかる姿勢は強めるものの，実証の枠組みを維持したうえで，アサーションを裏づける証拠の源泉を多様化することにより当該アサーションの確からしさの程度をより強めるという懐疑の構図を示している。一方，セルⅣは，反証の枠組みに属し，当該アサーションを否定する負の証拠を見つけにかかり，負の証拠が入手できなかったことをもって当該アサーションの確からしさの程度を逆に強める，という懐疑の構図を示している。このように，監査上の懐疑は，監査手続を計画（実施）する際に，実証（正の証拠）と反証（負の証拠）のいずれを重視するかによって異なることになるが，いずれの場合でも，財務諸表の適正表示を支持するアサーションを証拠によって立証する（verify），という基本構造には違いがない。いずれも「**確証**」（**confirmation**）という枠組みのもとで説明

第5章　監査上の懐疑概念と監査人の認識プロセス　87

図表 5-3　監査上の懐疑の概念的枠組み

			懐疑の幅		
			監査人の認識方法		
			確　証		非確証
			実　証	反　証	
職業的懐疑心の深度	疑問を投げかける姿勢（疑いの強さ）	中立的懐疑心	I 肯定的 アプローチ	III	V
		推定的懐疑心（疑ってかかる姿勢）	II 強められた 肯定的 アプローチ	IV 否定的 アプローチ	VI 探索的／摘発的 アプローチ

　される監査上の懐疑のあり方である（図表5-3を参照されたい）。とはいえ，このことは，財務諸表項目との関連において識別されたアサーションの立証が，すべて，セルI，セルII，またはセルIVのどれか1つに属する，あるいは属さなければならない，というわけではない。当該財務諸表項目の重要性や虚偽表示リスクの大きさなどの判断に基づいて，監査人が自由に抱く職業的懐疑心の深度——中立的懐疑心で臨むか，それとも推定的懐疑心で臨むか——に基づいて，それを特定の財務諸表項目に関するアサーションの構文形式の決定に反映させるのである。セルIであれば，特定の財務諸表項目の適正表示をそのまま裏づけることを意味する構文形式のアサーション—— 66頁に示された売掛金の期末残高が含むアサーションの例示を参照されたい——，セルIIまたはセルIVであれば，重要な虚偽表示をみつけにかかることを促す構文形式のアサーション——同様に，70頁に示されたアサーションの例示を参照されたい——が設定されることになる。監査人の認識活動（とりわけ証拠の入手と監査技術の選択・適用）は，識別されたアサーションの構文形式を受けて行われる。なお，中立的懐疑心の深度で，**反証**（falsification）または**非確証**（disconfirmation）という認識方法を選択すること自体が矛盾なので，セルIIIとセルVは空（null）である。

監査手続は，基本的には，当初の懐疑心の深度を反映したアサーションに関係づけられる形で決定され，期中監査と期末監査に配分され，最もふさわしい立証者（監査スタッフ）が割り当てられ，さらに最も適切な時期と監査現場が選択される，という形で予定される。これが**監査計画の策定**である。そして，被監査会社側に，財務諸表の適正表示に重要な影響を与える取引やその他の経済的事象が起こらない限り，また財務諸表の重要な虚偽表示の可能性を示唆する検出事項（重大な齟齬や矛盾そして不一致）がない限り，当初のアサーションを立証するプロセスのなかで監査が実施され，終結されることになる。しかし，現実には，監査上の懐疑のシフトに繋がるさまざまな事態が起こるのである。

5.3.2　監査上の懐疑水準のシフト

被監査会社における新たな事態の発生，財務諸表の重要な虚偽表示の可能性を示唆する検出事項（齟齬，矛盾，不一致）など，監査計画の際に想定していた状況とは明らかに異なる状況に直面した場合には，監査人は，財務諸表の虚偽表示リスクが高まったと判断し，関連する財務諸表項目やアサーションの立証に関連して，監査上の懐疑の水準を改訂する必要が起こる。監査上の懐疑の初期設定が中立的懐疑心の深度でなされていた場合（図表5-3のセルⅠ）には，推定的懐疑心の水準にシフトさせ，重要な虚偽表示を積極的にみつけにかかるという方向（図表5-3のセルⅡまたはセルⅣ）に——たとえばアサーションを切り替えることにより，監査手続全体を厳しくする方向に——，監査認識のギアを入れ替える必要がある。アサーションを変えることも方法の1つではあるが（セルⅣ），監査証拠を複数の証拠源泉に求めること，証拠力の強い監査技術（確認や実査）の実施を徹底することなど（セルⅡ），財務諸表監査の枠組みのもとで実施可能な監査手続を実施することも可能である。

一般論としていえば，監査人が入手した情報に「財務諸表に重要な影響を及ぼすと考えられる情報」が含まれていた場合，あるいは財務諸表の適正表示に影響を及ぼす不正の可能性について，従業員や取引先などから通報があった場合には，懐疑水準のシフトが必要であろう。監査上の懐疑の初期設定が中立的懐疑心であれば，推定的懐疑心へのシフトは避けられないかもしれない。初期

設定が推定的懐疑心の深度でなされていれば（セルⅡ），「実証」から「反証」へと立証方法を変更し証拠の源泉をさらに他に求め，あるいは特定の証拠の入手に拘るなど，問題とされている状況を事実として確定する必要がある。いずれにしても，監査計画を策定する際の（初期の）懐疑の水準を維持するか，それとも改訂するかは，監査人の判断である。それは，実証の枠組みにとどまるか，それとも反証の枠組みにシフトするかの判断に関係している。監査人にとって重要なことは，ともかく，何らかの有効な監査手続を選択・適用することにより，高まった監査リスクを引き下げること，あるいは強まった懐疑心を下げていくことであろう。

5.3.3　非確証という監査上の懐疑水準

状況によっては，懐疑心は一向に引き下がらず，むしろ反対に強まることも，極めて稀な場合であるが，被監査会社の対応によっては起こり得る。状況は一段と緊迫するが，図表5-3のセルⅥへのシフトも選択肢に入る。企業会計審議会が公表した「監査基準の改訂及び監査における不正リスク対応基準の設定について」（平成25年3月13日）に付録2として添えられている「不正による重要な虚偽の表示を示唆する状況の例示」のなかには，セルⅡからセルⅣあるいはセルⅣからセルⅥへの懐疑の水準の改訂に結びつく局面も含まれている[1]。

セルⅥは，監査人と被監査会社との間が，財務諸表監査に関して，抜き差しならぬ状況に入ってしまっていることを暗示している。監査人が立証する対象は，経営者の立場を反映する肯定的アサーションではなく，**監査人の意識のなかで観念された否定的（implicit/ negative）アサーション**である。監査人はこのアサーションを裏づける負の証拠を積極的に模索することになる。監査人は，財務諸表監査の本来の目的の達成を目指しつつ，財務諸表の適正表示との関係において懸念し，懐疑の状態で解決されていない極めて重要な問題を証拠に基

1　http://www.fsa.go.jp/singi/singi_kigyou/tosin/20130314/01.pdf
　「不正による重要な虚偽の表示を示唆する状況」として例示されたものが，直ちに，監査上の懐疑の水準をシフトさせることになるのではない。所定の懐疑の水準を維持したままで，すなわちアサーションの構文的形式を変えないで，当該アサーションを裏づける強い証拠を求める，という監査判断もあり得るからである。

90

づいて確定する必要がある。しかし，財務諸表監査の枠組みのもとでは，検出された負の証拠がいかに決定的に重要であっても，それを監査意見に直ちに反映させるのではなく，被監査会社（経営者）に対して，本来の正しい財務報告のあり方に戻すように説得する，監査プロフェッショナルとしての最後の役割を果たさなければならない。そして，これこそが，言明の監査としての財務諸表監査に従事した監査プロフェッショナルのあるべき姿なのである。

　監査人の懐疑心が払拭されず，反対に強まる状況においては，そこで模索される監査手続は，財務諸表監査といえども，極めて不正探索的（forensic audit）なものに近づく。財務諸表監査において不正探索的／摘発的監査手続が想定される場合とは――そして，the panel（POB［2000］）が言及した "forensic-type audit" とは――，おそらくセルⅣとセルⅥで示される懐疑を反映したものであろう。しかし，セルⅣとセルⅥはまったく異なる。

　セルⅥによって示される状況になると，おそらく実務的には，被監査会社からのさまざまな抵抗や非協力などが起こり，監査は一向に進まない事態となるかもしれない。その状況をどのように打開するかは，経営者と監査人の判断次第であろう。経営者による一方的な監査契約の解消もあるだろうし，監査人による理由を付した監査契約の解消あるいは意見不表明も監査人側の選択肢として浮上する。しかし，監査プロフェッショナルが行うべき職業上の義務は，財務諸表の適正表示を達成し，本来あるべき財務諸表の信頼性を保証することである。その究極の役割を放棄しない限り，不正摘発的な監査手続の傾向を強めつつも，財務諸表監査は続けられていくのである。

結びに代えて——今後の監査研究

　監査上の懐疑の問題——厳密にいうと，財務諸表監査におけるアサーションの立て方と監査人に求められる懐疑心の程度——は，犯罪捜査に従事する捜査関係者が抱く懐疑や不正摘発に従事する監査人が抱く懐疑とは異なる。The panel（POB［2000］）は，これまでの中立的な懐疑心を，不正監査や犯罪捜査において求められる懐疑を反映したものに修正し，「不正捜査的な監査手続」（"forensic-type fieldwork"）に財務諸表監査をシフトさせることを提唱した。ただ，この提案は，監査上の skepticism を「疑う心のもち方」のレベルで捉えようとする立場にとどまり，それを超えるものではない。

　懐疑心の議論は簡単ではない。たとえば，懐疑心を働かせるといっても，監査契約が経営者と監査人との間の自由契約であり，かつ，監査手続は契約上の信義を基礎において実施される限り，「疑う心」の重要性を強調しても，そこにはおのずと限界がある。「合理的な懐疑心」（"reasonable skepticism"：Anderson［1977］p.125）・「健康的な懐疑心」（"healthy skepticism"：SEC［1974］：Robertson［1979］p.31）なる表現が使用されてきたのは，財務諸表監査における懐疑心は "適度に抑制された" ものでなければならないからである。しかし，懐疑心の問題は，監査人の疑う心の程度は合理的（健康的）であるかどうかという次元で取り上げられるべきではなく，監査人が従事する監査手続の枠組みが，当該監査契約のもとで監査人の疑う心（職業的懐疑心）をどの程度十分に発揮させるものであるか，という次元で問われるべきである。監査研究者は，professional skepticism を監査人の心理の問題として位置づけ，心理学を援用して監査認識の領域を実証的に解明しようとしてきた。当初の実証研究が前提としていた職業的懐疑心についての解釈は，経営者の誠実性について，あくまで中立的な解釈を重視する監査基準書の立場であった。現在の監査研究は，推定的懐疑の立場をどのように反映しているのであろうか。

　監査上の懐疑についての研究は，「監査人の疑う心」としての skepticism と，それが実際に投影される監査人の監査手続のあり方——監査人の「知る方法」のあり方——としての skepticism 双方を複眼的に対象とし，最終的にはそれ

92

らを統合する必要がある。人の認識活動（監査手続）のあり方——とりわけ監査人の認識活動の初期段階に最も大きな影響を与える可能性をもつアサーションの設定のあり方——として監査上の懐疑のもつ一面を捉えたうえで，監査判断との関係を議論する必要がある。監査判断の研究，とりわけ職業的懐疑心に関係づけた監査研究は，それだけで十分ではない。監査人が証拠を入手し評価する方法，監査人が設定するアサーションのあり方（認識方法のあり方）を明らかにする，というもう1つの軸（視点）を監査上の懐疑研究の基礎構造に組み込む必要がある。その両者を以って監査上の懐疑に照らした監査判断研究の両輪が揃うこととなる。

　監査判断の失敗をもたらす要因にはさまざまなものがあり，実際には，それらが特定の監査状況のもとで独特に，複雑に，そして相互に影響し合い，監査判断の失敗を引き起こす。監査人の職業的専門家としての懐疑心（a questioning mind）は，これらの要因とどのように関係しているのであろうか。また，監査人が従事している監査認識の枠組みは，証拠プロセスとどのように関係しているのであろうか。監査判断の内実を監査上の懐疑の視点から分析するには，これら2つの視点からの分析が必要である。

　模索される監査研究は，監査上の懐疑という広い視点に立った新しい監査研究（規範・概念研究）であろうし，そこでの研究成果を現実の世界との関係で説明する研究——心理学に支えられた実証研究と徹底的なケース研究——であり，最終的には，両者の統合（融合）を図る，という方向であろう。監査という独特の専門領域を，哲学・言語学と心理学という2つの基礎学問とすり合わせていく，もっとも難しい分野——最近，このような監査人の判断（内的過程）に関する監査研究分野はmicro auditと呼ばれている——である。現実に起こった監査の失敗事例を監査認識の失敗という視点から分析・考察する事例研究も，こうした研究成果の統合に参加することができる。監査事例研究は，現実の監査の世界で，監査人がいったいどのような監査認識に従事していたかを，個々の監査失敗事例のなかで外部者が知りうる唯一の機会である。

　すでに指摘したように，監査上の懐疑——職業的懐疑心に限定してもよい——に影響を及ぼす要因はさまざまである。IAASB［2015］[1]は，この認識の

うえに立っている。この認識は誤りではないが，問題はそれらを前提として包含し統合する監査上の懐疑に関する概念的フレームワークとその基点（起点）となるべき定義であろう。これこそ，監査理論が対象とするテーマである。

本書は，監査上の懐疑の枠組みのなかに，知る方法――アサーションの構造や立証方法――の視点を加えている。監査上の懐疑は，監査人の「疑うという心の作用」だけではなく，「疑い方という認識のあり方」を取り込み，いわば複眼的に捉える必要がある，と考えるからである。また，そのように考えることによって，言明の監査としての財務諸表監査と行為の監査としての不正摘発監査（forensic auditing）――探索的監査あるいは非言明の監査と呼んだ方がよい――との間の境界（違い）を学術的に理解することが可能となる。

財務諸表監査においても，状況に応じて，探索的な傾向を強めなければならない場合がある。重大な会計不正（粉飾決算）が組織的に行われているのではないか，との財務諸表監査に従事している監査人にとっての「究極の懐疑」に遭遇した場合である。監査人がこの段階に踏み込んだ場合における監査上の懐疑を，どのように説明したらよいのであろうか。このような状況に実際に遭遇してしまった監査人は，おそらく極めてわずかであり，その意味では"不運な監査人"であろう。しかし，監査上の懐疑を本質的に考える場は，実は，この世界にこそある。適正な財務報告を共通の目標とし被監査会社（経営者）との協力関係を維持し，かつ，確証傾向を構造的に抱えながら，財務諸表監査に従事する宿命にある監査プロフェッショナルにとって，この領域はおそらくほとんど未経験の領域である。

監査上の懐疑研究は，この領域に対する学術研究を備えることを以って，体系として完成する。そのあとは，その体系の現実的説明力の検証である。裏に隠されたさまざまな闇の世界に，監査人はどのように対峙すべきなのであろうか。**否定的**アサーションを**黙示的**に設定する――観念する――という領域

---

1 http://www.iaasb.org/projects/professional-skepticism
　・20151207-IAASB Agenda Item 7 –Professional skepticism-Cover-final
　・20151207-IAASB-Agenda Item 7A-Slide-Presentation-State of the Art Research Relating to Auditor Professional Skepticism
　・20151207-IAASB-Agenda Item 7B-Executive Summary-State of Art Research Related to Auditor Professional Skepticism

（implicit/negative）があり得るのであり，これこそ，現場の監査プロフェッショナルが体験することの少ない「黙示的な認識の世界」である。言明の監査における財務諸表監査において，この世界にどのようにアプローチしたらよいのであろうか。この問題は簡単ではない。その理由には，さまざまな答え方があるが，一言でいえば，財務諸表監査が扱う会計という世界はそもそも明示的な世界（an explicit world）であり，監査プロフェッショナルは，その傾向として，あまりにも明示的な世界に慣れ過ぎてしまっているからである。分野はまったく異なるが，最新の著作（Pérez [2016]）は，ものを考える方法として2つの方法（explicit cognition と implicit cognition）が，また考える人の姿勢として2つの姿勢（deliberation と associations）があり，それらが結びついてある意味を作ること（making meaning）を述べている。監査上の懐疑を考えるうえで，何か示唆することはないであろうか。監査上の懐疑を考究するための著者の手掛りの1つである。

　監査証拠（研究）の枠組みが大きく揺るがされている。Big Data を基礎においた "Data-Analytics" という新たな領域の誕生である。著者は，IT がたとえどんなに発展しようとも，監査人の判断を IT に完全におきかえることはできない，と考える。では，IT をどのように利用すべきなのか。IT を基礎においた分析から得られるさまざまな情報は，最終的にはアサーションを立証するプロセスのなかで「証拠」として溶かし切らなければならない。監査の本質は「立証」であり，「データ処理」でも「データ解析」でもない。監査上の懐疑についての監査研究は，「立証」に引き付けて行わなければならない。

　財務諸表の裏，会計帳簿の裏，そして内外からのさまざまな陳述の裏に潜んでいる「大きな黒い不正」に，言明の監査という枠組みのもとにおいても，監査プロフェッショナルは，ギリギリまでその任務を誠実に遂行しなければならない。そのおそらく生々しい世界は，体験した監査人のみが知り得るところなのかもれない。なぜギリギリまで遂行しなければならないのか。それは，「大きな黒い不正」の可能性について，監査人が入手した事実に基づく的確な推論と判断を通じて，まずは監査人の結論を経営者に伝え，本来のあるべき会計の姿に引き戻すことが必要であるからである。「経営者に対する究極の懐疑」は「経営者に対する究極の助言」に変換させること，これが言明の監査である財務諸

表監査に従事した監査プロフェッショナルの「究極の役割」であり，これでもって財務諸表監査の本旨は全うされるのである。監査プロフェッショナルにとって（おそらく）辛いことは，その状況は社会一般の人には見えにくく，したがって，本来あるべき会計の姿が達成されたとしても，彼らが褒められることはないことである。監査プロフェッショナル（監査人たる公認会計士）の価値は，まさに「**一隅を照らす者，国の宝なり**」にある。社会の監査プロフェッションに対する信頼は，そのような目にみえないものを社会がみる過程のなかで時間をかけて醸成されていくものであろう。

参 考 文 献

Abdolmohammadi, M. J. and A. Wright [1987] An examination of the effects of experience and task complexity on audit judgments. *The Accounting Review* 62: pp.1-13.

A Conversation with George Diacont – Chief Accountant, SEC Enforcement Division. [1996] *The CPA Journal* 66 (August): pp.24-26.

Afterman, A. B. [1995], *SEC regulation of public companies*. Prentice-Hall, Inc.

American Accounting Association (AAA), Committee of Basic Auditing Concepts. [1973] *A Statement of Basic Auditing Concepts (ASOBAC)*, Sarasota, FL: AAA: 青木茂男監訳・鳥羽至英訳 [1982]『基礎的監査概念』国元書房。

────── [1946] *A Tentative Statement of Generally Accepted Auditing Standards – Their Significance and Scope*. New York, NY: AIA.

American Institute of Accountants (AIA). [1954] *Generally Accepted Auditing Standards – Their Significance and Scope*. New York, NY: AIA.

American Institute of Certified Public Accountants (AICPA). The Commission on Auditors' Responsibilities. [1978] Report, *Conclusions, and Recommendations*. New York, NY: AICPA.

Anderson, R. J. [1977] *The External Audit 1 Concepts and techniques*. Toronto, Canada: Copp Clark Pitman.

Arens, A. A., R. J. Elder, and M. S. Beasley [2003] *Auditing and Assurance Services, an Integrated Approach*. New Jersey: Prentice Hall, Upper Saddle River.

Ashton, R. K. [1986] The Argyll Foods Case. A Legal Analysis. *Accounting and Business Research* (Winter): pp.3-12.

Auditing Standards Board (ASB). [1977] The independent auditor's responsibility for the detection of errors or irregularities. *Statement on Auditing Standards No.16*. New York, NY: AICPA.

────── [1983] Audit Risk and Materiality in Conducting an Audit. *Statement on Auditing Standards No.47*. New York, NY: AICPA.

────── [1988] The auditor's responsibility to detect and report errors and irregularities. *Statement on Auditing Standards No.53*. New York, NY: AICPA.

────── [1997] Consideration of fraud in a financial statement audit. *Statement on Auditing Standards No.82*. New York, NY: AICPA.

────── [2002] Consideration of fraud in a financial statement audit. *Statement on Auditing Standards No.99*. New York, NY: AICPA.

Ballou, B., C. E. Earley, and J. S. Rich [2004] The impact of strategic-positioning information on auditor judgments about business-process performance. *Auditing: A Journal of Practice & Theory* 23 (2): pp.71-88.

Bamber, E. M., R. J. Ramsay, and R. M. Tubbs [1997] An examination of the descriptive validity of the belief-adjustment model and alternative attitudes to evidence in auditing. *Accounting, Organization and Society* 22 (3/4): pp.249-268.

Bazerman, M. H., George Loewenstein, and Don A. Moore [2002] Why Good Accountants Do Bad Audits. *Harvard Business Review* (11): pp.97-102.

Beasley, M. S., J. V. Carcello, and D. R. Hermanson [1999] *Fraudulent financial reporting: 1987-1997 An analysis of U.S. public companies.* Jersey City, NJ: AICPA.

───── [2000] Preventing fraudulent financial reporting. *The CPA Journal* 70 (December): pp.15-21.

───── [2001] Top 10 Audit Deficiencies. *Journal of Accountancy* 191 (4): pp.63-66.

Bedard, J. C. and K. M. Johnstone [2010] Audit partner tenure and audit planning and pricing. *Auditing: A Journal of Practice & Theory* 29 (2): pp.45-70.

Bell, T. B., Mark E. Peecher, and I. Solomon [2005] *The 21st Century Public Company Audit – Conceptual Elements of KPMG's Global Audit Methodology.* New York, NY : KPMG International. 鳥羽至英・秋月信二・福川裕徳・岡嶋慶・鈴木孝則・永見尊・林隆敏・前山政之・山﨑秀彦 [2010]『21世紀の公開会社監査』国元書房。

Benson, S. S. [2009] Recognizing the red flags of a Ponzi scheme: Will you be blamed for not heeding the warning signs? *The CPA Journal* 79 (6): pp.19-25.

Bowlin, K. O., J.L. Hobson, and M. D. Piercey [2013] *The effects of auditor rotation, professional skepticism, and interactions with managers on audit quality.* Available at: http://ssrn.com/abstract=1914557711

Brown, P. R. and J. A. Calderon [1993] An analysis of SEC disciplinary proceedings. *The CPA Journal* 63 (July): pp.54-57.

───── [1996] Heightened SEC disciplinary activity in the 1990s. *The CPA Journal* 66 (June): pp.55-57.

Buchler, J. [1979] *Toward a General Theory of Human Judgment*: Second, Revised Edition, New York: NY, Dover Publications, Inc..

Carcello, J. V. and T. L. Neal [2000] Audit committee composition and auditor reporting. *The Accounting Review* 75 (4): pp.453-467.

Carmichael, D. R. [2010] Double-entry, nonstandard entries, and fraud. *The CPA Journal* 80 (October): pp.62-65.

Carpenter, T., C. Durtschi, and L. M. Gaynor [2002] *The role of experience in professional skepticism, knowledge acquisition, and fraud detection.* Working paper. Available at: http://aaahq.org/audit/midyear/03midyear/

Carpenter, T. D. and J. L. Reimers [2011] *Professional skepticism: The effects of a partner's influence and the presence of fraud on auditors' fraud judgments and actions.* Available at: http://ssrn.com/abstract=1068942

Chigbo, O. [1998] GAAP under fire. *CA Magazine* (January/ February): pp.22-30.

Choo, F. [1996] Auditors' knowledge content and judgment performance: A cognitive script approach. *Accounting, Organizations and Society* 21(4): pp.339-359.

Choo, F. and K. T. Trotman [1991] The relationship between knowledge structures and judgments for experienced and inexperienced auditors. *The Accounting Review* 66: pp.464-485.

Choo, F. and K. Tan [2000] Instruction, skepticism, and accounting students' ability to detect frauds in auditing. *Journal of Business Education* (Fall): pp.72-87.

Christie, G. C. [1982] *Law, Norms and Authority.* London: England, Gerald Duckworth & Co. Ltd.

Cohen, J. R. and G. M. Trompeter [1998] An examination of factors affecting audit practice

参 考 文 献 **99**

development. *Contemporary Accounting Research* 15 (4): pp.481-504.

Cohen, J. R., G. Krishnamoorthy, and A. M. Wright [2008] Form versus substance: The implications for auditing practice and research of alternative perspectives on corporate governance. *Auditing: A Journal of Practice & Theory* 27 (2): pp.181-198.

Commission on Auditors' Responsibilities (Cohen Commission). [1978] *Report, conclusions, and recommendations.* New York, NY: AICPA.

Craig, J. L. Jr. [1996] Partners in accounting firms respond to their critics. *The CPA Journal* 66 (August): pp.16-25.

Craig, J. L. Jr. and D. R. Carmichael [1998] Auditor independence as the SEC Chief Accountant sees it: An interview. *The CPA Journal* 68 (December): pp.46-51.

Cushing, B. E. [2000] Economic analysis of skepticism in an audit setting. *14th Symposium on Auditing Research*: 1-3. Available at: http://www.business.illinois.edu/ accountancy/ events/symposium/

D'Aquila, J. M., K. Capriotti, R. Boylan, and R. O'Keefe [2010] Guidance on auditing high-risk clients. *The CPA Journal* 80 (October): pp.32-37.

Defliese, P. L., H. R. Jaenicke, J. D. Sullivan, and Richard A. Gnospelius [1984] *Montgomery's Auditing*, Tenth Edition, New York: N.Y., John Wiley & Sons, Inc..

Dorminey, J. W., A. S. Fleming, M. Kranacher, and R. A. Riley, Jr. [2010] Beyond the fraud triangle: Enchancing deterrence of economic crimes. *The CPA Journal* 80 (July): pp.17-23.

Earley, C. E., V. B. Hoffman, and J. R. Joe [2012] *Are auditors skeptical of management's level 2 versus level 3 fair value classification judgments?* Available at: http://web. ku.edu/~audsymp/myssi/_pdf/Earley,%20Hoffman,%20and%20Joe,%202012.pdf

———— [2013] *Auditors' role in level 2 versus level 3 fair-value classification judgments.* Available at: http://papers.ssrn.com/sol3/ papers.cfm?abstract_id=2119720

Endrawes, M. and G. S. Monroe [2012] *Professional scepticism of auditors: A cross-cultural experiment.* Available at: http://www.unisa.edu.au/Global/business/centres/ cags/ docs/seminars/Medhat%20G%20Monroe%20paper%20June%2027%202012.pdf

Francis, J. R. [2004] What do we know about audit quality? *The British Accounting Review* 36: pp.345-368.

Fukukawa, H. and T. J. Mock [2011] Audit risk assessments using belief versus probability. *Auditing: A Journal of Practice & Theory* 30 (1): pp.75-99.

Gaa, J. C. [1995] "Moral Judgment and Moral Cognition: A Comment," in *Research on Accounting Ethics* edited by Ponemon, Lawrence A., Marc J. Epstein, and John C. Gardner, Volume 1, Greenwich: Connecticut, JAI Press, Inc.

George, N. [2004] Auditor rotation and the quality of audits. *The CPA Journal* 74 (December): pp.22-26.

Grenier, J. H. [2013] Encouraging professional skepticism in the industry specialization era. Working paper. Available at: http://ssrn.com/abstract=1533622

Hardman, D. [2009] *Judgment and Decision Making: Psychological Perspectives.* Oxford, UK: BPS Blackwell.

Hastie, R. and R. M. Dawes [2001] *Rational Choice in an Uncertain World.* Thousand Oaks, Cal: SAGE Publications.

Heiman-Hoffman, V. B., K. P. Morgan, and J. M. Patton [1996] The warning signs of fraudulent financial reporting. *Journal of Accountancy* 182 (October): pp.75-76.

Hermanson, D. R., R. W. Houston, and J. C. Rice [2007] [PCAOB] inspections of smaller CPA firms: Initial evidence from inspection reports. *Accounting Horizons* 21 (June): pp.137-152.

Hermanson, D. R. and R. W. Houston [2008] Quality control defects revealed in smaller firms' PCAOB inspection reports. *The CPA Journal* 78 (December): pp.36-39.

Hurtt, R. K. [1999] *Skeptical about skepticism: Instrument development and experimental validation.* Unpublished Ph.D Dissertation, The University of Utah.

———— [2010] Development of a scale to measure professional skepticism. *Auditing: A Journal of Practice & Theory* 29 (1): pp.149-171.

International Auditing and Assurance Standards Board (IAASB). [2015] *Invitation to Comment: Enhancing Audit Quality in the Public Interest: A Focus on Professional Skepticism, Quality Control and Group Audits (ITC).* http://www.iaasb.org/projects/professional-skepticism

Jenkins, J. G. and C. M. Haynes [2003] The persuasiveness of client preferences: An investigation of the impact of preference timing and client credibility. *Auditing: A Journal of Practice & Theory* 22 (1): pp.143-154.

Joe, J. R. and S. D. Vandervelde [2007] Do auditor-provided nonaudit services improve audit effectiveness? *Contemporary Accounting Research* 24 (2): pp.467-487.

Johnstone, K. M., M. H. Sutton, and T. D. Warfield [2001] Antecedents and consequences of independence risk: Framework for analysis. *Accounting Horizons* 15 (1): pp.1-18.

Kinney, W. R. Jr. [2000] Economic analysis of skepticism in an audit setting : Discussion. *14th Symposium on Auditing Research*: pp.5-9. Available at: http://www.business.illinois.edu/accountancy/events/symposium/

Kizirian, T. G., B. W. Mayhew, and L. D. Sneathen, Jr. [2005] The impact of management integrity on audit planning and evidence. *Auditing: A Journal of Practice & Theory* 24 (2): pp.49-67.

Knechel, W. R. [2007] The business risk audit: origins, obstacles and opportunities. *Accounting, Organization and Society* 32: pp.383-408.

Knechel, W. R., G. V. Krishnan, M. Pevzner, L. B. Shefchik, and U. K. Velury [2013] Audit Quality: Insights from the Academic Literature. *Auditing: a Journal of Practice & Theory* 32 (Supplement 1): pp.385-421.

Kovach, Bill, and T. Rosenstiel [2001] *The Elements of Journalism*, New York: N.Y., Crown Publishers.

Kurtz, P. [1992] *The new skepticism: Inquiry and reliable knowledge.* Buffalo, NY: Prometheus Books.

Laming, D. [2004] *Human Judgment - The Eye of the Beholder*, London: England, Thomson Learning.

Landsittel, D. L. [2000] Some current challenges. *The CPA Journal* 70 (October): pp.58-61.

Latham, C. K., F. A. Jacobs, and P. B. Roush [1998] Does auditor tenure matter? In G. J. Previts, T. R. Robinson & N. Chandar (Eds.), *Research in Accounting Regulation*, 12. Stamford, CT: JAI PRESS: pp.165-177

参 考 文 献 101

Levin, I. P., R. D. Johnson, and M. L. Davis [1987] How information frame influences risky decisions: Between-subjects and within-subject comparisons. *Journal of Economic Psychology* 8: pp.43-54.

Levin, I. P., R. D. Johnson, P. J. Deldin, L. M. Carstens, L. J.Cressey, and C. R.Davis [1986] Framing effects in decisions with completely and incompletely described alternatives. *Organizational Behavior and Human Decision Processes* 38: pp.48-64.

Loke, W. H. [1989] The effects of framing and incomplete information on judgments. *Journal of Economic Psychology* 10: pp.329-341.

Love, V. J. [2010] When rules may weaken principles. *The CPA Journal* 80 (March): pp.63-68.

Mautz, R. K. [1964] *Fundamentals of Auditing*. Second Edition. New York: John Wiley & Sons, Inc.

Mautz, R. K., and H. A. Sharaf [1961] *The Philosophy of Auditing*. American Accounting Association Monograph No.6. Sarasota, FL: American Accounting Association.

McKnight, C. A. and W. F. Wright [2011] Characteristics of relatively high-performance auditors. *Auditing: A Journal of Practice & Theory* 30 (1): pp.191-206.

Menon, K. and D. D. Williams [2004] Former audit partners and abnormal accruals. *The Accounting Review* 79 (4): pp.1095-1118.

Messier, W. F. [1983] The effect of experience and firm type on materiality/disclosure judgments. *Journal of Accounting Research* 21: pp.611-618.

Messier, Jr., W. F., T. M. Kozloski, and N. Kochetova-Kozloski [2010] An analysis of SEC and PCAOB enforcement actions against engagement quality reviewers. *Auditing: A Journal of Practice & Theory* 29 (2): pp.233-252.

Moeckel, C. [1990] The effects of experience on auditors' memory errors. *Journal of Accounting Research* 28: pp.368-387.

Nagy, A. L. [2005] Mandatory audit firm turnover, financial reporting quality, and client bargaining power: The case of Arthur Andersen. *Accounting Horizons* 19 (2): pp.51-68.

National Association of Corporate Director (NACD). [2013] *Honing Skepticism*. Available at: www.directorship.com

Nelson, M. W. [2009] A model and literature review of professional skepticism in auditing. *Auditing: A Journal of Practice & Theory* 28 (2): pp.1-34.

O'Donnell, E. and J. Schultz [2003] *Strategic assessment during business-risk audits: A curse of knowledge for audit planning judgments*. Working paper. Arizona State University.

Payne, E. A. and R. J. Ramsay [2005] Fraud risk assessments and auditors' professional skepticism. *Managerial Auditing Journal* 20 (3): pp.321-330.

Peecher, M. and I. Solomon [2014] PCAOB's 'Audit Failure' Rate Is Highly Suspect. *CFO. com*. February 27, 2014. (http://ww2.cfo.com/auditing/2014/02/pcaobs-audit-failure-rate-highly-suspect/) ［アクセス日：2015 年 4 月 21 日］．

Peecher, M. E. [1996] The influence of auditors' justification processes on their decisions: A cognitive model and experimental evidence. *Journal of Accounting Research* 34 (1): pp.125-140.

Pérez, E. O. [2016] *Unspoken Politics: Implicit Attitudes and Political Thinking*. New York, NY: Cambridge University Press.

Phillips, F. [1999] Auditor attention to and judgments of aggressive financial reporting. *Journal of Accounting Research* 37 (1): pp.167-189.

Plumlee, D., B. A. Rixom, and A. J. Rosman [2011] *Training auditors to think skeptically.* Working paper. Available at: http://ssrn.com/abstract=1890779.

Public Company Accounting Oversight Board (PCAOB). [2008] *Report on the PCAOB's 2004, 2005, 2006, and 2007 inspections of domestic annually inspected firms.* PCAOB Release N0.2008-008. Washington, D.C.: PCAOB. Available at: http://www.pcaobbus. org/Inspections/Other/2008/12-05_2008-008.pdf

Public Oversight Board (POB). [2000] *The Panel on Audit Effectiveness. Report and Recommendations.* Stamford. CT: The Public Oversight Board. 山浦久司監訳　児島隆・小澤康裕共訳 [2001]『公認会計士監査　米国 POB ＜現状分析と公益性向上のための勧告＞』白桃書房。

Quadackers, L. [2009] *A Study of Auditors' Skeptical Characteristics and Their Relationship to Skeptical Judgments and Decisions.* Ph.D dissertation, VU University Amsterdam.

Ratcliffe, T. A. [2007] The finer points of fair value. *Journal of Accountancy* (December): pp.58-61.

Rennie, M. D., L. S. Kopp, and W. M. Lemon [2010] Exploring trust and the auditor-client relationship: factors influencing the auditor's trust of a client representative. *Auditing: A Journal of Practice & Theory* 29 (1): pp.279-293.

Robertson, J. C. [1979] *Auditing.* Revised Edition. Dallas, TX: Business Publications.

Robinson-Riegler, G. and B. Robinson-Riegler [2008] *Cognitive psychology: Applying the science of the mind.* Second Edition. Boston, MA: Pearson Education.

Salmon, W. C. [1967] *The Foundations of Scientific Interference,* Pittsburgh: PA, University of Pittsburgh Press.

Securities Exchange Commission (SEC). [1974] Findings, opinion and order accepting waiver and consent and imposing remedial sanctions in the matter of Touche Ross & Co. *Accounting Series Release (ASR) No.153.* Washington, D.C.: SEC.

Shaub, M. K. [1996] Trust and suspicion: The effects of situational and dispositional factors on auditors' trust of clients. *Behavioral Research in Accounting* 8: pp.154-174.

————— [2004] Trust as a threat to independence: Emotional trust, auditor-client interdependence, and their impact on professional skepticism. *Research on Professional Responsibility and Ethics in Accounting* 9: pp.169-188.

Shaub, M. K. and J. E. Lawrence [1996] Ethics, Experience and Professional Skepticism: A Situational Analysis. *Behavioral Research in Accounting* 8 (supplement): pp.124-157.

————— [1999] James E. Hunton, (ed.), "Differences in Auditors' Professional Skepticism Across Career Levels in The Firm," *Advances in Accounting Behavioral Research, Volume 2,* Stamford: Connecticut, JAI Press Inc.: pp.61-83.

Smieliauskas, W. J. [1999] *A Framework for Assurance Evidence and its Role in Accounting,* Toronto, Canada: Canadian Academic Accounting Association.

Spurlock, D. C. and C. R. Ehlen [1999] A case study on detecting fraud in a financial statement audit. *The CPA Journal* 69 (February): pp.54-56.

Tipgos, M. A. [1978] Prior year's working papers: Uses and dangers. *The CPA Journal* 48 (September): pp.19-25.

Toba, Y. [2011] Toward a conceptual framework of professional skepticism in auditing. *WASEDA BUSINESS & ECONOMIC STUDIES* 47: pp.83-116.

Turner, C. W. [2001] Accountability demands and the auditor's evidence search strategy: The influence of reviewer preferences and the nature of the response (belief vs. action). *Journal of Accounting Research* 39 (3): pp.683-706.

Tversky, A. and D. Kahneman [1981] The framing of decisions and the psychology of choice. *Science* 211 (January): pp.453-458.

United States *v.* Simon, 425F. 2d 796 (2d Cir.) [1969] *cert. denied*, 397U. S. 934.

Uretsky, M. [1980] An interdisciplinary approach to the study of management fraud. In *Management fraud: Detection and deterrence* edited by R. K. Elliott and J. J. Willingham. Princeton, NJ: Petrocelli Books. .

Webster's Third New International Dictionary, unabridged. [1993] Springfield: Mass, Merriam-Webster Inc., Publishers.

Wilcox, E. B. [1956] Professional standards. In *CPA Handbook* Vol.2 edited by R. L. Kane, Jr. New York, NY: American Institute of Accountants.

Wooten, T. C. [2003] Research about audit quality. *The CPA Journal* 73 (January): pp.48-51.

Wright, A. [1988] The impact of prior working papers on auditor evidential planning judgments. *Accounting, Organizations and Society* 13 (6): pp.595-605.

Wright, C. N. and Q. Booker [2005] Auditors' need for a cooling-off period. *The CPA Journal* 75 (December): pp.24-29.

伊藤　醇［2010］『命燃やして 山一監査責任を巡る 10 年の軌跡』東洋出版。

井端和男［2008］『黒字倒産と循環取引―および粉飾企業の追跡調査』税務経理協会。

亀岡恵理子［2016］『財務諸表監査の失敗と監査人の独立性についての研究―日米における監査の失敗事例分析に基づいて―』早稲田大学大学院商学研究科博士論文。

仙場胡丹［2016］『グローバル時代における監査の質の探究』千倉書房。

鳥羽至英［1996］「為替先物予約含み損事件―昭和シェル石油株式会社と鹿島石油株式会社のケース」『月刊監査役』日本監査役協会 No.363 号，15-51 頁。

―――［2000］『財務諸表監査の基礎理論』国元書房。

―――［2010a］「ナナボシ粉飾決算事件訴訟判決の監査上の意義」『月刊監査役』日本監査役協会　第 565 号，38-61 頁。

―――［2010b］「監査の失敗と監査上の懐疑主義」『商学研究科紀要』早稲田大学大学院商学研究科　第 71 号，1-19 頁。

―――［2011］「監査判断の懐疑主義的基礎の探求」千代田邦夫・鳥羽至英編著『会計監査と企業統治』中央経済社，87-135 頁。

―――［2013］「財務諸表監査における懐疑主義の適用―職業的懐疑心の初期設定とその後の改訂」『早稲田商学』早稲田大学商學同攻會　第 434 号，195-229 頁。

―――［2014］「監査人に求められる特性は何か：職業的懐疑心（Professional Skepticism）それとも誠実性（integrity）？―職業的懐疑心は、誰（who）が、何（what）に対して発揮するのか。」『会計情報』トーマツ　452 号，2-8 頁。

鳥羽至英・秋月信二・永見尊・福川裕徳［2015］『財務諸表監査』国元書房。

林　隆敏［2015］「アメリカの処分事例にみる職業的懐疑心」『會計』森山書店　第 187 巻第 2 号，97-110 頁。

著者略歴

鳥羽　至英（とば　よしひで）

1969 年　早稲田大学第一政治経済学部経済学科卒業
1983 年　商学博士（早稲田大学）
現　在　早稲田大学商学部教授

主要著書
『財務諸表監査の基礎理論』（国元書房，2000 年）
『内部統制の理論と制度—執行・監督・監査の視点から』（国元書房，2007 年）
『財務諸表監査』（国元書房，2015 年）

ノート　財務諸表監査における懐疑

〈検印省略〉

平成 29 年 3 月 30 日　初版発行

| 著　者 | 鳥　羽　至　英 |
| 発行者 | 國　元　孝　臣 |

発 行 所　㈱国 元 書 房

〒 113-0034
東 京 都 文 京 区 湯 島 3-28-18-605
電話(03)3836-0026　　FAX(03)3836-0027
http://www.kunimoto.co.jp　E-mail : info@kunimoto.co.jp

印　刷：㈱ブロケード
製　本：協 栄 製 本 ㈱
表　紙：㈲岡村デザイン
カバー　　　　事務所

©2017 Yoshihide Toba

Printed in Japan

ISBN 978-4-7658-0567-4

JCOPY ＜㈳出版者著作権管理機構 委託出版物＞
本書の無断複写は著作権法上での例外を除き禁じられています。複写される場合は，
そのつど事前に，㈳出版者著作権管理機構（電話 03-3513-6969，FAX 03-3513-6979，
e-mail: info@jcopy.or.jp）の許諾を得てください。